非法证据排除规则在美国的兴衰

高 咏 ◎ 著

知识产权出版社
全国百佳图书出版单位
—北京—

图书在版编目（CIP）数据

非法证据排除规则在美国的兴衰 / 高咏著. —北京：知识产权出版社，2019.12
ISBN 978-7-5130-6653-2

Ⅰ.①非… Ⅱ.①高… Ⅲ.①证据—制度—研究—美国 Ⅳ.①D971.25

中国版本图书馆CIP数据核字（2019）第281452号

责任编辑：刘 睿 刘 江　　责任校对：潘凤越
封面设计：博华创意　　　　　责任印制：刘译文

非法证据排除规则在美国的兴衰
高　咏　著

出版发行：知识产权出版社 有限责任公司		网　　址：http://www.ipph.cn	
社　　址：北京市海淀区气象路50号院		邮　　编：100081	
责编电话：010-82000860 转 8344		责编邮箱：liujiang@cnipr.com	
发行电话：010-82000860 转 8101/8102		发行传真：010-82000893/82005070/82000270	
印　　刷：三河市国英印务有限公司		经　　销：各大网上书店、新华书店及相关专业书店	
开　　本：880mm×1230mm 1/32		印　　张：7.25	
版　　次：2019年12月第一版		印　　次：2019年12月第一次印刷	
字　　数：192千字		定　　价：46.00元	
ISBN 978-7-5130-6653-2			

出版权专有　侵权必究
如有印装质量问题，本社负责调换。

目 录

引言 美国宪法第四修正案与非法证据排除规则 …………（1）
第一章 缘起：宪法权利的实现与保障 ……………（12）
　一、非法证据排除第一案——博伊德（Boyd）案……（15）
　二、不进而退——亚当斯（Adams）案…………（27）
　三、峰回路转——威克斯（Weeks）案 …………（31）
　四、更进一步——西尔弗索恩（Silverthorne）案……（44）
　五、"毒树之果"原则——纳尔多（Nardone）案……（52）
　六、稀释原则——王森（Wong Sun）案…………（58）
第二章 发展：从联邦到州 ……………………（67）
　一、不适用于各州——沃尔夫（Wolf）案…………（71）
　二、妥协退让——罗钦（Rochin）案……………（80）
　三、相持不下——欧文（Irvine）案……………（84）
　四、否定"银盘理论"——埃尔金斯（Elkins）案……（88）
　五、适用于各州——马普（Mapp）案 …………（94）
第三章 寻求平衡：成本—收益分析 ……………（107）
　一、善意的例外——利昂（Leon）案……………（109）
　二、必然发现的例外——威廉姆斯（Williams）案……（123）
　三、独立来源的例外——穆雷(Murray)案 ………（138）

第四章　新格局：在纠结中衰退 ……………………（145）
　一、"敲门并宣告"规则之违反——哈德孙
　　（Hudson）案 ……………………………………（147）
　二、主观错误的程度——赫林（Herring）案 …………（166）
　三、客观合理的执法行为——戴维斯（Davis）案 ……（177）
　四、稀释原则的扩大——犹他（Utah）案 ……………（185）
结语　何去何从——非法证据排除规则的迷茫前途 ……（201）
参考文献 ………………………………………………………（206）
后记 ……………………………………………………………（224）

引言　美国宪法第四修正案与
非法证据排除规则

美国宪法第四修正案（以下简称第四修正案）确立了公民不受非法搜查和扣押的权利，构成美国形式司法正义的基础。第四修正案规定："人民的人身、住宅、文件和财产不受不合理的搜查和扣押的权利，不得侵犯；除非依据合理根据，以宣誓或代誓宣言保证，并载明特定的搜查地点和扣押的人或物，不得发出搜查和扣押令状。"❶

作为美国权利法案的重要组成部分，第四修正案的意旨在于禁止警察对公民实施无理的搜查和扣押，同时对法院搜查和扣押状的签发提出"有合理的理由支持"的要求。❷

美国的许多法律都源于英国的判例和学说，第四修正案也是这样。有学者指出，在为逮捕和审判被告制定公平行为标准的宪法规定中，第四修正案有着植根于美国和英国的丰富历史

---

❶ The Fourth Amendment to the US Constitution.

❷ Wayne R. LaFave. Search and Seizure: A Treatise on the Fourth Amendment [M]. 5th ed. West Pub. Co., 2015: 6.

背景；作为宪法中的一种程序保障，它产生于英国的革命斗争之中。[1]

爱德华·柯克在解读1604年的一个著名案件时说："私宅就是个人的城堡和要塞，在这里，他可以休息，并且保卫自己免受侵害和暴行。"在该案中，爱德华指出，即使是国王，也没有打扰臣民住所的权力，只有在目的合法并且获得搜查令的情况下，政府的工作人员才可以对公民的处所进行搜查和扣押。[2]

这一规则的来源，可以追溯到当时一百多年前的英国普通法。起初，英国的警察实施搜查和扣押的权力不受限制，对于没有依据的、任意的搜查和扣押行为，普通民众无法获得权利的保障和救济。16世纪，英国政府有权使用"普遍授权"来压制公众对皇室的批评，扼杀信息的自由流通。这种授权证书的签发，不需要任何特别的、合理的理由，而且可以在没有任何实际犯罪行为嫌疑的情况下作出，授权证书甚至不需要载明姓名等信息，而且这种授权也没有时间限制。搜查和扣押的授权证书允许官员夺取和销毁任何可能对国家有进攻性的材料。[3]之后，1685年，英国议会对"普遍授权"的正义性予以否定，认

---

[1] Jacob W. Landynski. Search and Seizure of the Supreme Court: A Study in Constitutional Interpretation [M]. The Johns Hopkins University Press, 1966: 36

[2] Kilman, Johnny, George Costello. The Constitution of the United States of America: Analysis and Interpretation [M]. GPO, 2006: 1281-1282.

[3] Potter Stewart. The Road to Mapp v. Ohio and Beyond: The Origins, Development and Future of the Exclusionary Rule in Search-and-Seizure Cases [J]. Colum. Mississippi Law Journal, 1983 (81): 1365, 1369.

为这是政府权力的任意行使,是对公民权利的践踏。❶

18世纪60年代,英国政府为了寻找和压制攻击政府和国王的出版物,使用"普遍授权"的搜查令,突击搜查住所等私人处所,这种政府行为招致公众义愤,著名的恩蒂克诉卡林顿案即产生于此背景之下。卡林顿警长依据搜查令来到恩蒂克家搜查,搜查令授权警察搜查一篇对政府有威胁的、煽动性的论文,以寻找该文的作者,同时,警察有权查封印刷设备、传单和其他材料。1765年,被搜查者恩蒂克向英格兰王座法院提出起诉,请求法院判决警察的搜查行为违法。法院的裁决出乎意料并且具有历史意义,被告对原告物品的搜查和扣押被认为是不合法的,原因是搜查令授权政府搜查和扣押恩蒂克"所有"的文件,而不是仅限于与涉嫌犯罪相关的部分,这种授权范围过于广泛,而且缺乏足够的理由支撑,构成对个人财产和隐私的侵犯。法院在裁决中指出,个人的财产是神圣的,任何人包括政府在内都不能随意侵犯。就此,在英国,恩蒂克案创建了限制政府侵犯私人财产权的普通法先例。

有学者认为,正是对这种英国普通法中"普遍授权"(包括授予海关搜查货物的无限制的权力)的不信任,催生了第四修正案。❷

殖民地时期的美国,警察普遍使用"通用搜查令"。此时,政府拥有几乎不受任何限制和监督的广泛的搜查、扣押和逮捕

---

❶ Nelson B. Lasson. The History and Development of the Fourth Amendment to the United States Constitution [M]. The Johns Hopkins Press, 1937: 38-39.

❷ Potter Stewart. The Road to Mapp v. Ohio and Beyond: The Origins, Development and Future of the Exclusionary Rule in Search-and-Seizure Cases [J]. Colum. Mississippi Law Journal, 1983 (81): 1369-1370.

的权力,这段经历被学者称为"通用搜捕状的殖民地瘟疫"时期。❶

大英帝国的通用搜捕状,赋予治安警察任意进入私人领地搜查的权力,这种专治统治引起民众的愤怒,造成政府和人民之间的紧张关系。美国宪法第四修正案就是在这一背景下产生的。

1789年,美国通过著名的权利法案,即《美利坚合众国宪法》前十条修正案。提出这些修正案,目的在于消解反联邦党人的担忧,核心在于保障人权和自由,限制政府权力。权利法案对美国宪法予以补充和完善,增列了宪法正文中没有明确的自由和权利,包括言论、宗教、集会自由,保留和携带武器的权利,不受无理搜查和扣押的权利,正当法律程序,禁止双重危险等内容,几乎囊括了犯罪嫌疑人在刑事诉讼中应当享有的所有权利。

可以说,正是"权利法案"的通过,使美国的刑事诉讼程序与宪法原则得到紧密的结合,刑事诉讼中被告人的权利被提升到宪法性权利的高度,而美国的刑事诉讼因此被认为是"宪法性刑事诉讼"。

第四修正案赋予公民不受无理审查和扣押的权利,同时其语言表述明确坚定。依据第四修正案,政府在进行搜查、扣押之前,必须先获得合法的搜查令。搜查令在警察等执法人员提供充足理由并宣誓后由法院发出,对应的搜查、扣押等执法行为须以搜查令规定的范围为限。

但是,自1791年美国制定并通过权利法案,直到其后的近

---

❶ Levy, Leonard Williams. Seasoned Judgments: The American Constitution, Rights, and History [M]. Transaction Publishers, 1995: 362.

一个世纪期间,第四修正案中的不受无理审查和扣押的权利与政府侵犯这一权利所取得的证据的可采性,并没有发生实质性的关联。第四修正案只是在形式上束缚了联邦政府的权力,但是由于没有可执行的条款,当政府行为违反第四修正案的规定、侵犯公民权利时,公民个人没有法律救济的途径。❶ 在很长一段时间内,第四修正案与非法证据排除规则之间,没有构架起相应的联系。❷

英美法系最基本的法律原则之一是"无救济即无权利"。但是,对于第四修正案而言,这一原则曾经无法普遍适用。❸ 创建第四修正案的目的在于,确保每个美国公民免受国家权力的侵害,防止政府在未经特别司法批准的情况下采取搜查和扣押个人私有财产的行动。❹ 回顾第四修正案历史,很显然,免于非法搜查的权利已经变成一种得不到任何救济的权利,而这种情况

---

❶ 道格拉斯大法官说:"如果没有非法证据排除规则,剩下的唯一的救济方式就是房主对非法入侵的官员提起诉讼。事实是,对实施非法搜查和扣押的警官提起的非法侵入诉讼往往是一种虚幻的补救措施。"参见 Mapp v. Ohio, 367 U. S. 643, 670 (1961).

❷ Reginald R. Lewis. A Common Sense Understanding of Inevitable Discovery: Why Nix v. Williams Does Not Require Active Pursuit in the Application of the Inevitable Discovery Doctrine [J]. Colum. Mississippi Law Journal, 2017 (85): 1691.

❸ Tracy A. Thomas. The Fundamental Right to a Remedy Under Due Process [J]. SAN DmEo L. REV., 2004 (41): 1633, 1636-1640.

❹ William J. Cuddihy. The Fourth Amendment Origins and Original Meaning [M]. Oxford University Press, 2009: 791.

正是几个世纪以来普通法法官所竭力防止出现的。❶

第四修正案保障人民不受不合理的搜查和扣押的权利,显然,这一突破性的规则是激动人心的,凸显了对公民权利的重视,暗示了个人隐私的重要性。但同时,这一修正案与许多其他修正案类似,其中的用语并不明确,在实践中被赋予了各种不同的解释。"第四修正案,就像美国宪法的许多条款一样,是简明和极其含糊的。"❷ 值得注意的是,第四修正案只是禁止警察实施不合理的搜查,而不是所有的搜查都是非法的。这就提出了一个关键性问题,是什么构成了合法搜查与不合理搜查之间的差异。在这方面,大法官威廉·哈布斯·伦奎斯特曾指出,"合理性"是适用第四修正案的试金石,在判断搜查的合理性时,一方面要评估搜查行为侵犯个人隐私的程度,另一方面还要审查什么样的标准可以促进政府依法执法。❸ 正如一位权威学者所说,第四修正案的中心含义是"合理性",法院希望人们相信,该条款要求执法人员在实施侵犯个人隐私和财产的行为时采取理性的行动并追求合理的目标;搜查或扣押是否合理,通常要通过权衡利害攸关的不同利益——政府对有效执法的利益与个人对隐私和个人安全的利益——来确定。❹ 第四修正案涉及

---

❶ Eric Joel Day. An Evidentiary Quandary: Exploring the Efficiency of the Exclusionary Rule [J]. The Georgetown Journal of Law and Public Policy, 2013 (11): 139, 156.

❷ Holly, Wayne D. The Fourth Amendment hangs in the balance: Resurrecting the warrant requirements through strict scrutiny [J]. New York Law Journal of Human Rights, 1997 (13): 541.

❸ United States v. Knight, 534 U. S. (2001) 112, 119.

❹ Tracey Maclin. The central meaning of the Fourth Amendment [J]. William and Mary Law Review, 1993 (35): 198-199.

的另一个重要问题是，如何以强制力有效保障公民私权不受侵犯，遗憾的是，"美国宪法中没有保护《权利法案》中规定的权力的强制性措施，这是令人惊讶的"。❶

如果说简洁是第四修正案的优点，那么与之相对应的缺陷就是它的含糊不清。❷ 它没有界定"不合理"这个关键词，也没有指出禁止不合理搜查与签发搜查令的条件之间的关系。❸ 而且，宪法第四修正案中也没有提到是否禁止通过违反第四修正案的证据取得的证据即"毒树之果"这一重要问题。美国最高法院采用的合理性分析总是在改变，每一宗新案件似乎都改变了最高法院对构成合理搜查或扣押的因素的看法。最高法院依据若干主要标准来衡量合理性问题，但是几乎没有在这些标准之间建立有意义的层次结构，在任何情况下，法院都可以选择它认为适用的标准。因此，在最高法院相继判决的案件中，法院裁决警察入侵行为的可接受性方面会有着根本不同且不可调

---

❶ John L. Worrall. Criminal procedure: From first contact to appeal [M]. 2nd ed. Boston, MA: Pearson, 2007: 54.

❷ Jacob W. Landynski. Search and Seizure of the Supreme Court: A Study in Constitutional Interpretation [M]. The Johns Hopkins University Press, 1966: 42.

❸ Amar. Fourth Amendment First Principles [J]. Harv. L. Rev., 1994 (107): 757, 762-781; Bacigal. Dodging a Bullet, but Opening Old Wounds in Fourth Amendment Jurisprudence [J]. Seton Hall L. Rev., 1986 (16): 597; Cloud. Searching Through History; Searching for History [J]. U. Chi. L. Rev., 1996 (63): 1707, 1721-1731; Grayson. The Warrant Clause in Historical Context [J]. Am. J. Crim. L., 1987 (14): 107; Luna. Sovereignty and Suspicion [J]. Duke L. J., 1999: 789, 790-798; Wasserstrom. The Fourth Amendment's Two Clauses [J]. Am. Crim. L. Rev., 1989 (26): 1389.

和的方法。❶

在19世纪的英国，法官对非法取得的证据是十分宽容的，普遍的观点认为，证据的可采性与取证的手段无关，偷来的、抢来的证据，都可能被法官采纳。在1783年塞格林斯基诉奥尔（Ceglinski v. Orr）案中，英国法院拒绝排除通过非法胁迫手段所获得的证据。在国王诉韦瑞克希尔（Warickshal）案中，对于被告人非自愿的供述，法院认为该证据本身是可以被接受的。在英国普通法的影响下，美国法官也同样主张，证据是否可以被采纳与获取证据的方式没有直接关系，在这种语境之下，当然没有非法证据排除规则存在的空间。也就是说，具备相关性的证据，是可采纳的证据，不会因为证据的取得方式侵犯公民权利而被排除于法庭之外。对于通过非法手段取得的、侵犯他人权利的证据，法官的观点是，证据是可以被采纳的，至于被侵权人的权利保护问题，应当并且只能通过民事诉讼的方式来解决。

可以看出，最初，证据的可采性和取证手段的侵权性没有直接的联系。第四修正案的颁行实施也未能改变这种状况。在美国联邦宪法修正案通过后的一个漫长的历史阶段，由于警察非法取证遭受侵害的公民，只能通过民事侵权诉讼的途径获取救济。通常的情况是，公民在警察违法取证之后，向法院提起警察非法取证的民事诉讼，请求法院判决警察赔偿经济损失以及返还非法扣押的财物。作为重要的权利救济手段，非法证据

---

❶ Clancy. The Fourth Amendment's Concept of Reasonableness [J]. Utah L. Rev., 2004: 977, 978, 1022; Colb. The Qualitative Dimensions of Fourth Amendment "Reasonableness" [J]. Colum. L. Rev., 1998 (98): 1642; Lee. Reasonableness With Teeth: The Future of Fourth Amendment Reasonableness Analysis [J]. Miss. L. J., 2012 (81): 1133.

排除规则一直没有露面。

美国宪法第四修正案具有划时代的意义，它确立了重要的个人权利，即"人身、住宅、文件和财产不受不合理的搜查和扣押的权利"。法律在赋予权利的同时，还应当为权利配置相应的救济手段。问题是，第四修正案的救济手段在哪里？至少在宪法条文本身的层面，我们找不到答案。可以说，第四修正案所保护的个人免受政府不合理的搜查和扣押的权利，是一种虚幻的权利。如果警察决定搜查一辆车或拘留一个人，没有人能阻止他们。❶ 美国联邦最高法院法官罗伯特·克森曾经指出："第四修正案所保障的权利是最难保护的权利之一，由于警察自己就是主要的侵权者，所以法庭外没有执法机构能够约束他们的行为。"他还评论说："在许多非法搜查无辜者的住宅和汽车的案件中，最终的结果是没有任何罪名，没有逮捕任何人，法庭什么也没有做。"❷

在警察侵犯人民宪法权利、实施无理搜查和扣押行为之后，如果法庭拒绝采纳这类证据，显然可以有效遏制警察非法取证，宪法第四修正案的权利就可以得到落实。但是，在一百多年的时间里，这种要求在审判中排除执法人员以非法手段所获得的证据的规则并没有出现。这是为什么呢？大法官本杰明的解释是：仅仅因为警察的疏忽大意就让罪犯逍遥法外，法庭不愿意这么做，而且对于那些间接的、有时又是非常复杂的有关警察收集证据的方法是否合法的问题，解释起来十分困难，法官不

---

❶ Yale Kamisar. Does (Did) (Should) the Exclusionary Rule Rest on a "Principled Basis" Rather Than an "Empirical Proposition"? [J]. 16 Creighton L. Rev., 1983: 565, 568.

❷ Brinegar v. United States, 338 U. S. (1949): 160, 181（杰克森大法官的反对意见）.

情愿冒险去做这种解释,他们宁愿集中精力裁决刑事犯罪这一主要问题。❶

经过了近一个世纪的进程,这一状况终于开始发生变化。美国联邦最高法院作出一系列的判决,将违法的搜查扣押行为与所获证据的可采性联系起来,逐渐确立了第四修正案的救济方式,即法庭不会采纳警察以无效的搜查或扣押所获得的证据,这类证据因其不具备可采性而被排除于法庭审判之外。

19世纪末20世纪初,法院依据联邦宪法,禁止使用违法搜查扣押的证据排除,但是并没有使用"排除规则"或其他类似的术语。法院的说法是,当证据的获取过程侵犯了被告的第四修正案权利时,证据根本不能用于审判,在诉讼中禁止使用非法获得的证据是公民的宪法权利。❷ 美国联邦最高法院确立了一个重要的规则——个人有权请求法院将警察非法获取的刑事诉讼证据排除于法庭之外。

但是,令人忧虑的是,最近若干年的一系列案例表明,美国联邦最高法院似乎意图将第四修正案权利与非法证据排除这种补救措施办法相隔离,这使得第四修正案所应具备的灵活应变力大大减少,而非法证据排除规则也随之走向低迷甚至衰败。有学者指出,几乎没有人认为,人们应该始终受到制宪者的具体意图或期望的约束,例如,什么样的搜查是合理的,或者,违反第四修正案的行为需要什么样的补救措施。❸

---

❶ [美] 乔恩·R. 华尔兹. 刑事证据大全 [M]. 2版. 何家弘,等译. 北京:中国人民公安大学出版社,2004:246.

❷ Tracey Maclin. The Supreme Court and the Fourth Amendment's Exclusionary Rule [M]. Oxford University Press, 2013:3.

❸ Justin F. Marceau. The Fourth Amendment At a Three-Way Stop [J]. Ala. L. Rev., 2011 (62):687, 691.

美国宪法的制定者本身并不是狭义上的原创主义者。对于《权利法案》中涉及的大多数问题，他们不希望法官受限于18世纪的惯例，而是打算制定一部有生命的宪法。因此，从一开始，第四修正案就不仅仅是一套具体执法程序的法典。它是基本价值的一种表达，要求法院在面对不断变化的情况时维护这些价值。[1]

---

[1] Stephen J. Schulhofer. More Essential Than Ever: The Fourth Amendment in the Twenty-First Century [M]. Oxford University Press, 2013: 46.

第一章 缘起：宪法权利的实现与保障

第四修正案的核心在于保护公民基本人权，确保人民不受政府非法搜查扣押行为的侵害。遗憾的是，第四修正案本身的条款，未能够明确提出保护人权的具体措施。如何实现第四修正案中的权利，权利受到侵害后如何救济，怎样才能确保政府不实施侵犯公民财产人身权的搜查扣押行动，这是一个重要的问题，也是一个十分棘手、长时间得不到解决的难题。

第四修正案本身并没有说要排除非法获得的证据，修正案通过的过程中发生的若干关键事件中也没有一件涉及要求排除非法证据的请求。而且，非法证据排除规则的实际诞生也不是对该规则的各种不同学说基础的激烈辩论的产物。

事实上，"非法证据排除规则"这一术语直到1949年才出现在美国联邦最高法院的刑事诉讼裁决中。❶ 在19世纪晚期和20世纪早期，最高法院没有使用排除规则或其他术语来阐述宪法禁止在联邦刑事诉讼中使用非法证据这一原则。当时，最高法院对这一原则的解释是，当警察获得证据的手段侵犯了被告人的第四修正案的权利时，该证据不能用于审判。换句话说，禁止采纳非法取得的证据是公民的一项宪法权利。❷ 在此期间，美国联邦最高法院作出判决的两起案件——1861年博伊德（Boyd）案和1914年威克斯（Weeks）案，具有里程碑式的意义。

在此期间，美国联邦最高法院的观点比较明晰，认为第四

---

❶ 大法官在1949年的一项裁决中普及了非法证据排除规则这一术语。参见 Yale Kamisar. Does (Did) (Should) the Exclusionary Rule Rest on a "Principled Basis" Rather Than an "Empirical Proposition"? [J]. Creighton L. Rev., 1983 (16): 590.

❷ Tracey Maclin. The Supreme Court and the Fourth Amendment's Exclusionary Rule [M]. Oxford University Press, 2013: 3.

修正案中"宪法自由的本质"必须得到保障,并进一步声明,第四修正案权利是"基本的",与"陪审团审判的权利、人身保护权令和正当法律程序"具有同等重要的地位。❶排除非法证据被认为是十分必要的,以"保持对法律的尊重,促进对司法行政的信心,防止司法程序受到污染"。❷

---

❶ Gouled v. United States, 255 U. S. 298 (1921): 304.

❷ Olmstead v. United States, 277 U. S. 438 (1928): 479 (布兰代斯大法官的反对意见).

一、非法证据排除第一案——博伊德（Boyd）案

与排除规则的发展相关的第一个案例是博伊德案。❶事实上，博伊德案是一个民事案件，而不是刑事案件，这里没有警察的参与，也没有搜查或扣押。

在1861年博伊德案中，美国联邦最高法院突破性的裁决，回答了如何救济第四修正案权利的疑问。在该案中，法院首次裁定，通过违反第四修正案的行为获得的证据不能在刑事诉讼程序中使用。❷

爱德华和博伊德是一家进口公司的所有者。1884年7月，该公司从法国进口了35箱平板玻璃，用于联邦法院的修建。在

---

❶ Boyd v. United States, 116 U. S. (1886): 616.
❷ 大多数学者对非法证据排除规则的讨论都是从对博伊德案的分析开始的。参见 Jacob W. Landynski. Search and Seizure and the Supreme Court: A Study in Constitutional Interpretation [M]. The Johns Hopkins University Press, 1966: 49-61; Bradford P. Wilson. Enforcing the Fourth Amendment: A Jurisprudential History [M]. Taylor & Francis, 1986: 45-55; Samuel Dash. The Intruders: Unreasonable Searches and Seizures from King John to John Ashcroft [M]. Rutgers University Press, 2004: 48-53.

对进口货物进行的例行检查中,纽约海关怀疑,爱德华和博伊德的进口公司此次进口的玻璃数量远远超过修建法院所需的数量,超出部分不属于免税范围,而公司对此没有支付关税。1874年的联邦税法规定,商品的所有人、进口商、收货人等,以欺诈获得收入为目的,用虚假的发票、宣誓书、信函或文件,或以任何虚假的书面或口头陈述,进口或企图进口商品,美国政府应对责任人处以罚款,并没收该商品。于是,纽约海关开始检查和没收程序,没收了该公司进口的35箱平板玻璃。

对于进口玻璃的缴税问题,海关和博伊德之间发生了争议。博伊德认为,35箱平板玻璃属于法定的免税范围,海关对其货物的没收是不恰当的和违法的,而海关则认为,博伊德实际进口的商品数量与可以享受免税政策的商品数量不符,超出部分应予没收。就没收问题,美国联邦政府向法庭提起诉讼,以寻求没收的合法依据。庭审中,双方争议的焦点是被没收的进口玻璃的数量和价值。为此,地区法官根据1874年联邦税法的要求颁布了一项命令,要求博伊德提供其中29箱进口玻璃的发票。根据该法令,未能遵守法官要求的提供证据的命令意味着对政府指控的违法行为的自觉供认。博伊德按照法官的命令提供了货物发票,但同时,他对法官要求其提供发票的命令的合法有效性和该命令所依据的法令的合宪性提出异议。❶

博伊德提出,这些发票不能被政府部门用作指控其偷逃税款的证据,理由是,在这个涉及没收是否合法的诉讼中,不能强迫被没收人提供自己行为违法的证据,并且,强制被没收人出示证据的法令本身,就是违宪的和无效的。强迫公民提供不利于自己的证据,侵犯了公民宪法第五修正案中反对自证其罪

---

❶ Boyd v. United States,116 U.S. 616 (1886):618.

条款下的权利。关键的争点是，法院命令作为被告一方的公民提交私人文件作为可能被用作证明该公民有责或有罪的证据，如果法院的命令是依据某个法律条文，这样的法律条文是否违反了宪法？如果公民拒绝执行法院提交私人文件的命令，就推定原告方主张成立，这种做法是否具备合宪性？最终，经过审理，法庭驳回了博伊德的请求，陪审团做出了有利于政府一方的裁决，海关没收玻璃的行为被批准。❶

博伊德对地区法庭的裁判向美国联邦最高法院提出了上诉，认为地区法院要求其提供货物发票的命令侵犯了他的宪法第四修正案和第五修正案中规定的权利。政府一方反驳，该案不涉及宪法第四修正案的问题，原因是法院的命令并没有授权某人搜查或扣押资料和文件，只是要求被告一方提供相应的书证。该案争议的焦点是，强制公民提供个人私人文件，并且将该文件在司法程序中用于不利于他的证据，这种行为以及相关的法律规定是否属于宪法第四修正案含义内的不合理的搜查和扣押？❷

美国联邦最高法院对地区法院向被告发出提供证据命令时所依据的相关法令的合宪性进行了审查，并且做出了支持原告博伊德的裁决。美国联邦最高法院认为，该案中的1874年联邦税法授权法院命令公民提交不利于自己的证据，这样的法律规定是违反宪法的。据此，法院裁决，博伊德提交法庭的货物发票不具备可采性，法庭不得将这些发票用作证明不利于被告人的证据，同时，海关没收博伊德公司的货物的行为也是违宪的。❸

---

❶ Boyd v. United States, 116 U. S. 616 (1886): 622.
❷ Boyd v. United States, 116 U. S. 616 (1886): 628.
❸ Boyd v. United States, 116 U. S. 616 (1886): 638.

单纯从案件的事实本身来看，该案很难与第四修正案发生关联：这里没有搜查，也没有扣押。然而，大法官布拉德利（Bradley）运用了一些巧妙的手法，把宪法第四修正案与该案涉及的问题结合了起来。他的逻辑是，如果被告人不遵守法院的命令、不提交发票，那么指控将被视为真实的，因此法院的命令等于强迫被告人提交其所要求的材料。他的结论是，强制提交私人文件属于第四修正案的范围，因为它"影响了搜查和扣押的唯一目标和目的"。❶

布拉德利认为，该案首先涉及宪法第四修正案中的公民权利。他在代表美国联邦最高法院撰写判决意见时指出，法庭要求被告提交货物发票的命令违反了宪法第四修正案。虽然地区法院并没有做出任何有关搜查和扣押的授权，但是法庭向被告发出了提交证据的命令，并且依据相关法律规定，被告如若违反命令不提交货物发票，作为原告一方的政府，其提出的被告偷逃税款的主张就会得到支持，即作为"不证自明"的事实被法庭采纳。所以，法庭向被告发出的提交货物发票的法令，相当于强迫被告必须提供这一证据。并且，法庭的这一要求也是不合理的，因为发票是私人文件，不同于盗窃物品和违禁品。❷

在宪法的框架之下，审理博伊德案的法庭认为，政府搜查扣押私人文件是对第四修正案权利的侵犯。原因是，公民对自己的私有文件享有免受政府强制和强迫搜查扣押的绝对的权利，而地区法院对被告发出的提交发票的命令构成不合理搜查。❸

如果以第四修正案作为支持被告人博伊德的主要依据，必

---

❶ Boyd v. United States, 116 U. S. 616 (1886)：623

❷ Boyd v. United States, 116 U. S. 616 (1886)：624.

❸ Boyd v. United States, 116 U. S. 616 (1886)：625.

须解决如下问题：第一，强迫被告人提交文件是否属于第四修正案范围内的"搜查"；第二，第四修正案的保护是否可以扩大到没收程序；第三，对于能够证明案件事实但是取得方式违法的证据，是否应当被排除。布拉德利大法官代表美国联邦最高法院做出裁决说：第一，初审法院要求被告人提交私人文件的行为属于第四修正案语境下的搜查，因为这一行为所指向的唯一对象和目的是搜查和扣押；第二，这种搜查是不合理的，因为它仅仅针对犯罪证据；第三，第四修正案的保护适用于本案，因为这里的程序是一种准刑事诉讼程序。❶ 其中，最关键的是对第三个问题的处理，这是判决意见中最具创造性和争议性的一个方面。❷ 在回答第四修正案在此是否适用这个重要的问题时，布拉德利大法官把第四、第五修正案联系起来，并由此得出结论，要求被告人提交发票的法院命令以及相关的法律，是违宪且无效的，由此，地区检察官以法院的命令为依据审查发票以及地区法院将此发票作为证据采纳的行为，都是错误的、违反宪法的程序。❸

审理博伊德案的大法官们认为，第四修正案第一款"禁止不合理搜查条款"不仅仅是第二款"搜查令条款"的空洞序言。

---

❶ Wayne R. LaFave. Search and Seizure: A treatise on the Fourth Amendment [M]. 5th ed. West Pub. Co., 2015: 1.

❷ J. Landynski. Search and Seizure and the Supreme Court: A Study in Constitutional Interpretation [J]. The Johns Hopkins University Studies In Historical And Political Science, 1966, 84: 53; Pardo. Disentangling the Fourth Amendment and the Self-Incrimination Clause [J]. Lowa L. Rev. 2005 (90): 1857; Choi. For Whom the Data Tolls: A Reunified Theory of Fourth and Fifth Amendment Jurisprudence [J]. Cardozo L. Rev., 2015 (37): 185, 190.

❸ Boyd v. United States, 116 U. S. 616 (1886): 626.

他们认为,第四修正案的"搜查令条款"是为防止政府任意侵入私人的生活领域提供的程序保障,而"禁止不合理的搜查条款"应被解释为"宣布个人财产完全不受政府入侵的影响"。❶

大法官布拉德利解释说,是否存在违法入侵公民私人处所、是否实际上实施了具体的搜查和扣押行为,这并不是判断政府是否侵犯第四修正案人权的关键性标准,因为第四修正案的实质在于保护公民安全、自由及私人财产的不可剥夺权利,这一权利不应该因为公民实施了某些违法行为或者被判决有罪而丧失。该案中,海关的执法人员不存在典型意义上的非法取证,没有进入公民住宅,也没有实施任何的搜查和扣押,但是美国联邦最高法院判决仍认为,强制公民提交私人文件等同于扣押书证,而查阅公民被迫提交的文件就是一种搜查行为。法庭和政府要求公民提交证明自己有罪的证据,而公民本人在违反自己意愿的前提之下披露了这些证据,此时,私人不受不合理搜查和扣押的第四修正案权利就受到了侵犯。❷

在得出这一结论时,大法官布拉德利主要依据的是英国的恩蒂克诉卡林顿(Entick v. Carrington)案,他认为该案对第四、第五修正案的形成产生了决定性的影响。恩蒂克案是由因编写宣传册而涉嫌撰写煽动性文件的约翰·恩蒂克提起的一桩非法侵入行为案。该案的被告是国王的四名信使,他们遵照最近被任命为国务卿的哈利法克斯勋爵签发的搜查令,搜查并扣押了原告的书籍和文件。被告使用暴力和武器闯入了恩蒂克的家,试图找到煽动诽谤罪的证据以提起刑事诉讼。案件的裁判者卡

---

❶ N. Lasson. The History And Development Of The Fourth Amendment To The United States Constitution [M]. Da Capo Press, 1970: 103.

❷ Boyd v. United States, 116 U. S. 616 (1886): 621-623.

姆登（Camden）勋爵认为，被告依据技术上有效的搜查令进行的对原告私人的文件搜查是无效的。他为自己的主张提出了两个论据。第一，仅仅为获取控诉证据而许可的搜查扣押，是对个人财产的非法剥夺，显然是不公正的。第二，当控方寻找的证据是个人的私人文件时，搜查和扣押尤其具有侵犯性，"私人文件是个人最宝贵的财产，它们不但不可以被扣押，而且几乎不应当被检查"，因此，搜查扣押私人文件这种做法等于强迫个人作不利于自己的证词。❶

为了将第四修正案适用于博伊德案的具体情况，大法官布拉德利进一步解释了"强制性提交文件的搜查和扣押"。他指出："恩蒂克案的裁决涉及宪法中自由与安全的本质。它们超越了当时法院审理的案件的具体形式及其偶然情况，它们适用于政府及其雇员对家庭的神圣性和生活隐私的一切侵犯。官员的破门而入、翻找抽屉并不是构成违法搜查的本质原因，违法的本质是对公民神圣的基本权利的侵犯。公民享有人身安全、人身自由和私有财产不受侵犯的权利，而这种权利不应当因他犯下某些罪行而被剥夺，对这一神圣权利的保护构成恩蒂克案判决的基础。以暴力强取他人自己的证言和私人文书或者没收他人财物，作为定罪的证据，是非法和非正义的。在这方面，第四、第五修正案几乎相互融合。"❷

在论证了该案涉及宪法第四修正案权利之后，布拉德利又提出了宪法第五修正案中的反对自证其罪条款，分析了第四修正案和第五修正案之间的密切关系。"它们（第四修正案和第五修正案）交相呼应。第四修正案谴责的'不合理搜查和扣押'，

---

❶ Howell's State Trials 1029, 1066, 1073 (C. P. 1765).
❷ Boyd v. United States, 116 U. S. 616 (1886): 630.

几乎都是为了强迫个人提出不利于自己的证据,在刑事案件中,这也是第五修正案所反对的。同时,第五修正案声讨和指责的'强迫个人在刑事案件中作为不利于自己的证人',对应于第四修正案中的'不合理搜查和扣押'。对于扣押个人的文件和资料并在诉讼中用作不利于他的证据,以及强迫个人自证其罪,二者之间的区别和界限,是很难分辨的。"[1]

基于第四修正案与第五修正案之间的紧密联系,布拉德利进一步指出,该案中,采纳货物发票作为没收程序合法的证据,这一行为既违反了第五修正案的规定,也侵犯了被告人的第四修正案权利。对于面临海关没收程序的货物主,强迫他提交私人文件和资料以证明自己有罪,就是第五修正案中的"强迫个人证明自己有罪",并且等同于第四修正案中的"不合理搜查和扣押"。就此,地区法院要求被告提交发票的命令是违反宪法的,同时,在没收的听证程序中采纳这一发票证据是错误的而且导致了进一步的程序违宪。[2]

大法官米勒(Miller)对布拉德利大法官的判决意见发表了协同意见。在这份协同意见书中,两位大法官一致认为,下级法院的诉讼程序侵犯了博伊德免于自证其罪的特权。他们指出,下级法院要求被告人在审判中提供私人文件作为证据,授权对被告人的房屋、文件进行搜查或扣押,这是不适当的。[3]

在博伊德案中,美国联邦最高法院根据财产利益理论对第四修正案的"不合理搜查条款"进行了界定,希望构建一种理论,在符合传统惯例的前提下为个人提供尽可能大的保护。

---

[1] Boyd v. United States, 116 U. S. 616 (1886): 633.
[2] Boyd v. United States, 116 U. S. 616 (1886): 638.
[3] Boyd v. United States, 116 U. S. 616 (1886): 641.

事实上，通过博伊德案，美国联邦最高法院强调声明了第四修正案规则，即政府不得扣押私人物品，特别是针对私人的文件，如果政府对该文件不享有所有权或其他财产权益，即使有充足理由证明政府对私人领域的入侵合理合法，也不能作为扣押和获取私人文件资料的依据。❶ 根据司法令状的搜查，以及对违禁品、盗窃物、没收物品或应课税物品的扣押，是合法的，因为政府对这类财产的权利高于个人对这些财产的所有权。❷ 政府有权扣押犯罪所得、犯罪工具和违禁品，因为私人对于这些物品没有所有权。但是，政府无权扣押带有血迹的衬衫，因为这是私人物品，相应地，私人的文件资料也不得扣押，原因是这些文件属于个人。

当然，在当时的法律体系之下，法院提出的提交发票证据的命令也侵犯了公民的第五修正案权利，因为博伊德被迫提供了对自己定罪的证据。❸ 博伊德案件反映了当时组成美国联邦最高法院的大多数法官的信念，即反对自证其罪特权维护的权利和利益，比政府判决罪犯的利益更为重要，最高法院会尽可能地保护这一权利。这样，通过合并和链接第四修正案和第五修正案，审理博伊德案的大法官们指出，在该案初审的准刑事诉讼程序中，虽然发票符合证据的相关性要求，但是因为获取证

---

❶ Morgan Cloud. The Fourth Amendment During the Lochner Era: Privacy, Property, and Liberty in Constitutional Theory [J]. Stan. L. Rev., 1996 (48): 555, 579.

❷ The Life and Times of Boyd v. United States (1886 - 1976) [J]. Mich. L. Rev., 1977 (76): 188.

❸ Boyd v. United States, 116 U. S. 616 (1886): 639.

据的程序侵犯人权、违反宪法，证据被排除于法庭之外。[1]

尽管存在各种反对意见，但有一点是毫无疑问的，那就是博伊德案的影响巨大、意义深远，正如大法官布伦南（Brennan）在亚伯诉美国（Abel v. United States）案中所说的，在第四修正案从死的条文变得具有可实施性的过程中，博伊德案是积极地参与者。[2]

许多评论家对博伊德案持批评态度，他们提出各种理由，认为该案的裁决是不合理的。有批评者说，忽略了案中的重要事实，并从恩蒂克案的判决中得出了毫无根据的结论。[3] 也有观点指出，长期以来已经确定的原则是，证据的可采性不受取证主体获取证据的方式是否合法的影响，法律使当事方能够获得证据。但是，博伊德案使得这一从未受到怀疑的学说被否定，这对后来的司法产生了不良影响。该案的裁判意见是彻底错误的，它超越了案件的具体争点，进而得出了两个错误的结论：第一，宪法第四修正案的禁止不合理搜查扣押的条款与第五修正案禁止强迫自证其罪条款相关，即使搜查是合法的，被告人也可以依据第五修正案拒绝交出文件；第二，根据第四修正案，通过非法搜查获得的文件可以被排除在法庭之外。[4]

于是，通过博伊德案，美国联邦最高法院构建了一个宏伟的体系，出现了五个基本主题：（1）法院在反对政府专权中的

---

[1] Tracey Maclin. The Supreme Court and the Fourth Amendment's Exclusionary Rule [M]. Oxford University Press, 2013: 7.

[2] Boyd v. United States, 116 U. S. 616 (1886): 634.

[3] Knute Nelson. Search and Seizure Boyd v. United States [J]. A. B. A. J., 1923 (9): 773.

[4] John H. Wigmore. Using Evidence Obtained by Illegal Search and Seizure [J]. A. B. A. J., 1922 (8): 479.

重要作用；（2）政府违法的极大缺陷和对人权的威胁；（3）非法证据排除规则与无罪推定原则在保障公民权利时并驾齐驱；（4）使用非法扣押的证据等同于强迫个人自证其罪；（5）非法证据排除规则被视为第四修正案不可分割的组成部分。❶

若干年之后，博伊德案中确立的一些原则被后来的法庭所推翻。例如，大法官伯格（Burger）在讨论美国诉奥尔蒂斯（United States v. Ortiz）案时对他的同事说，博伊德案中存在一大堆的荒谬问题。❷ 但是不管怎么说，博伊德案具有重要的历史意义，在美国联邦法院，借助非法证据排除规则，宪法第四修正案不再是一个僵死的条文，而在这个过程中，博伊德案起到了关键性的作用。❸ 无论是非法证据排除规则的支持者，还是该规则的反对者，都一致地认为博伊德案的依据是宪法原则。甚至对第四修正案非法证据排除规则持激烈批评态度的人也承认博伊德案的宪法基础。❹

博伊德案为非法证据排除规则构建了基本框架，它提出了一个范围广泛的非法证据排除规则：即使是合法的手段，包括有效的搜查证和传票，也不能证明强制取得或没收任何私人财

---

❶ Scott E. Sundby, Lucy B. Ricca. The Majestic and the Mundane: The Two Creation Stories of the Exclusionary Rule [J]. Texas Tech Law Review, 2010 (43): 395.

❷ Tracey Maclin. The Supreme Court and the Fourth Amendment's Exclusionary Rule [M]. Oxford University Press, 2013: 7.

❸ Formalism. Legal Realism, and Constitutionally Protected Privacy Under the Fourth and Fifth Amendments [J]. Harv. L. Rev., 1977 (90): 945; The Life and Times of Boyd v. United States (1886–1976) [J]. Mich. L. Rev., 1977 (76): 184.

❹ Tracey Maclin. The Supreme Court and the Fourth Amendment's Exclusionary Rule [M]. Oxford University Press, 2013: 8.

产的正当性，除非政府能够证明它自己在其中有财产权益。同时，该案也提出了一个更加具体的非法证据排除规则：即使借助合法手段，政府不也能直接或间接地搜查和扣押私人文件。博伊德案更为重要的价值在于，它将第四修正案和第五修正案结合在一起，创建了一个免受政府侵犯的个人隐私保护区域，以牺牲政府权力为代价，换来个人自由的最大化。[1]

---

[1] Morgan Cloud. The Fourth Amendment During the Lochner Era: Privacy, Property, and Liberty in Constitutional Theory [J]. Stan. L. Rev., 1996 (48): 576.

二、不进而退——亚当斯（Adams）案

博伊德案作出裁决若干年后，该案确立的原则在 1904 年的"亚当斯诉纽约案"（Adams v. New York）❶ 中受到了质疑。斯图尔特（Stewart）大法官评论道，亚当斯案不过是非法证据排除规则在过山车轨道上的一个疯狂转折，美国联邦最高法院"似乎在非法证据排除规则被承认之前就已经埋葬了它"。❷

被告人亚当斯被怀疑持有赌博用具，持有合法搜查令的警察在对被告人的办公室进行搜查时，发现了大约 3500 张涉及赌博的纸条。警察扣押了这些用于赌博的纸条，与此同时，还扣押了一些其他的文件。在之后的程序中，这些与赌博用具同时被扣押的文件被用作了不利于被告人的证据、确认赌博纸条上被告人的笔迹的证据以及用于证明赌博用具的所有者的证据。被告人亚当斯被法院判决犯有明知而持有赌博用具罪。❸

在初审法院，被告人亚当斯对这些赌博用具以外的文件的

---

❶ Adams v. New York, 192 U. S. 585 (1904).

❷ Potter Stewart. The Road to Mapp v. Ohio and Beyond: The Origins, Development, and Future of the Exclusionary Rule in Search-and-Seizure Cases [J]. Columbia Law Review, 1983 (10): 1374.

❸ People v. Adams, 176 N. Y. (1903): 351.

证据的可采性问题提出异议，认为根据博伊德案的裁判，警察扣押这些文件的行为侵犯了被告人的第四、第五修正案权利，因而这一证据是非法证据，法庭不能采纳它。纽约州初审法院驳回了被告人的异议，采纳了争议的文件证据，并判决被告人有罪，纽约州上诉法院维持了有罪判决。❶

被告人亚当斯向美国联邦最高法院申请了复审令。他指出，警察在突袭搜查私人处所时，在没有经被告人同意又不顾其反对的情况下，扣押了被告人的私人文件，这些文件与涉嫌犯罪的赌博用具没有直接关联，但是这些证据被法庭用作了定罪证据，这侵犯了他的人身和文件不受无理搜查扣押以及不被强迫自证其罪的宪法权利，法院的程序违反了美国宪法第四、第五和第十四修正案。❷

控方的反驳意见十分简短，不到3页，其立场很明确：该案中的争议证据是适格的证据，因而不论其取得的方式如何，它都是可采纳的证据。反驳意见首先提出了联邦宪法在州的适用问题，认为该案中法院对被告私人文件的采纳不构成一个联邦宪法问题。控方指出，美国联邦宪法第四、第五和第十四修正案在州并没有必然的法律效力，如果某个州的法令包含迫使被告在刑事案件中成为不利于自己的证人或者是公开授权不合理的搜查和扣押的条款，联邦宪法不能影响这些法令的有效性。其次，控方进一步说，即使联邦宪法关于禁止不合理搜查和反对自证其罪条款在纽约州有法律效力，该案中对于文件的扣押也不构成对被告人宪法权利的侵犯。该案中的文件作为对被告不利的证据，是合法有效的，这既不构成不合理的搜查，也不

---

❶ People v. Adams, 176 N. Y. (1903): 358.
❷ Adams v. New York, 192 U. S. 585 (1904): 590.

是强迫被告作不利于自己的证人。对于宪法规定的在刑事案件中免除证人提供对自己不利的证据的义务，不应予以不当的扩充理解，否则就会使得可能有助于定罪的证据无法被采纳。控方观点的核心内容是，法律并不关注将罪犯绳之以法的方法，也不关注控方取得控诉证据的方法。也就是说，对于适格的定罪证据，不论是如何取得的，都是可以被采纳的。❶

当案件进入到美国联邦最高法院后，法院没有以非法证据排除规则是否适用于各州来审理此案。大法官戴（Day）在代表美国联邦最高法院撰写判决意见时指出，对有关事实的审查表明，该案既不存在违反宪法的不合理的搜查或扣押，也没有强迫被告人作不利于自己的证明的问题。因此，没有必要讨论第四、第五修正案是否通过第十四修正案适用于各州这一争议问题。❷

大法官戴把该案的争点界定为证据问题，而不是宪法问题。他指出，就依据搜查令获取的赌博用具这一证据，被告人没有提出异议。被告人提出的反对意见针对的是作为证据的私人文件，这些文件的重要之处在于，它们表明被告人在明知的情况下非法持有赌博用具。这一问题的提出并不是为了反对非法没收原告的私人文件，而是因为出现了能够证明被控罪行的有力证据。在这种情况下，司法权力的重要性和理性将审查的范围限制在证据的证明能力上，而不必考虑证据是如何获得的。❸

大法官戴将该案与博伊德案区别开来，理由是博伊德案的裁判结论只适用于涉及违反第四、第五修正案搜查扣押私人文

---

❶ Adams v. New York, 192 U. S. 585 (1904): 592.
❷ Adams v. New York, 192 U. S. 585 (1904): 593.
❸ Adams v. New York, 192 U. S. 585 (1904): 595.

件的问题。博伊德案件提出的问题是，法院是否可以强迫被告人在诉讼中出示私人文件。为该案撰写判决意见的布拉德利大法官认为，法院的程序违反了第四、第五修正案。相比之下，亚当斯案中没有违反第四、第五修正案的情况，因此博伊德案在亚当斯案的情况下不适用，亚当斯案中被扣押的文件是用以证明被告人有罪的适格，将这一证据作为控诉证据在法庭上提出，并没有侵犯被告人的宪法权利。在亚当斯案中，纽约州最高法院没有命令被告出示私人文件，也没有涉及非法扣押问题，该案争议的问题仅仅是，在执行合法令状实施的搜查过程中发现的能够证明犯罪事实的文件如何处理？大法官戴认为，法院在采纳这一证据时，没有违反宪法保障公民不受非法搜查或扣押的权利的条款，也没有强迫被告人自证其罪。❶

美国联邦最高法院维持了下级法院的裁判，最主要的理由是：警察发现文件是在执行合法有效的搜查令状时偶然出现的情况，扣押并使用文件作为控诉证据，并没有侵犯被告人的宪法权利，因为这些文件不是不合理搜查和扣押的对象。❷

---

❶ Adams v. New York, 192 U. S. 585 (1904): 596.
❷ Adams v. New York, 192 U. S. 585 (1904): 597.

三、峰回路转——威克斯（Weeks）案

与博伊德案相比，威克斯案❶受到了更多的关注。有相当一部分观点认为，美国联邦最高法院 1914 年审理裁决的威克斯案标志着美国建立了第四修正案的非法证据排除规则。在该案中，法官们一致认为，警察侵犯公民第四修正案权利非法搜查扣押所得的证据，在联邦法院的审判程序中不得用作不利于被告人的指控证据。

威克斯是密苏里州堪萨斯市联合车站亚当斯快递公司的一名快递员。他利用工作的便利向一些投资者提供国际矿业公司的彩票券。1911 年 12 月，威克斯在上班时被当地警察逮捕，但是执法的警察没有逮捕证。同时，另外一些警察到达威克斯的住宅，借助邻居的帮助找到钥匙，在没有取得搜查令的情况下搜查了威克斯的房间，并且扣押了一些文件，然后把这些文件交给了联邦执法官。当日晚些时候，警察和联邦执法官再次来到威克斯的家中，敲门后，屋里的一名房客开门并允许他们进入。警察和联邦执法官此时没有搜查令状，但是仍然搜查了威克斯的房间，在威克斯卧室里小衣橱的一个家具抽屉中发现了

---

❶ Weeks v. United States, 232 U. S. 383 (1914)：386.

一些犯罪证据，即几份私人信件和信封，之后他们拿走了这些文件。❶

在警察和联邦执法官搜查了威克斯的住所之后，美国联邦检察官以9项罪名起诉威克斯，而这些扣押的信件和信封是指控的第七项罪名的证据，这项罪名是，被告人威克斯借助工作便利，在抽奖和附赠的商业活动中以邮寄邮件的方式倒卖有中奖概率的彩票和有折扣份额的优惠券。❷

在审判开始前，威克斯向美国联邦地区法院提出了归还私人文件、书信和其他财产的请求。威克斯诉称，自己是密苏里州堪萨斯市的合法公民，对自己的住宅享有合法的居住权，对自己的私人物品享有所有权。但是，当地的警察和联邦执法官违法侵入并搜查他的住所，非法扣押了包括文件、信件、证书、债券、衣服等私人物品，现在他们不当持有并拒绝返还这些物品，侵犯了被告人根据宪法享有的第四项、第五项修正案的权利。❸

对于被告人提出的返还物品的请求，初审法院经审查后，做出部分支持的裁决，命令检察官归还与指控无关的被告人个人财物，但是被告人提出的返还涉及指控的犯罪的相关财产的请求，法院予以驳回。之后，检察官遵照法院的命令，返还了部分财产，对于其他财产，检察官拒绝返还并作出声明："这些财产将在审判中作为证据使用。"❹

在审判程序中，陪审团宣誓、证据出示之前，威克斯再次采取行动，重新向法庭提出返还财产的申请。但是，该申请被

---

❶ Weeks v. United States, 232 U. S. 383 (1914)：386.
❷ Weeks v. United States, 232 U. S. 383 (1914)：386.
❸ Weeks v. United States, 232 U. S. 383 (1914)：387.
❹ Weeks v. United States, 232 U. S. 383 (1914)：387.

法庭当庭驳回。之后,在联邦执法官出示这些被扣押的文件,以证明被告人使用邮件寄送彩票券,此时,威克斯又一次提出反对,理由是这些文件的取得方式违法,是警察和联邦执法官无证搜查的产物,这种搜查扣押行为侵犯了被告人作为美国公民的第四修正案权利和第五修正案权利。主审法官驳回了这一动议,被告人被判有罪并被处以罚金和监禁。❶

在初审法院作出裁决后,威克斯向美国联邦最高法院提出上诉,请求最高法院审理初审法院的裁决。他指出,初审法院拒绝被告人要求检察官返还财产的申请,并且采纳警察非法取得的证据作为指控证据,这样的做法是错误的。❷

该案的争点是,初审法院驳回了被告人返还财产、不得采纳非法取得的证据的申请,这一裁决是否正确。大法官戴代表美国联邦最高法院撰写了该案的判决意见。

大法官戴首先指出,毫无疑问的是,警察和联邦执法人员的搜查扣押行为是违法的。他们在没有取得任何合法授权的情况下,为了获得指控证据,擅自闯入被告人家中,拿走了用于证明被告人有罪的书信等私人物品,这些物品随后被交给检察官作为起诉证据使用。被告人主张,警察和执法人员非法扣押公民私人物品的行为,侵犯了其宪法第四修正案和第五修正案的权利。但是,大法官戴认为,该案涉及的仅是第四修正案权利。❸

在判决书中,大法官戴援引了博伊德案判决中关于第四修正案历史的阐述,并以该案作为支持威克斯案判决的依据之一。

---

❶ Weeks v. United States, 232 U. S. 383 (1914): 388.
❷ Weeks v. United States, 232 U. S. 383 (1914): 389.
❸ Weeks v. United States, 232 U. S. 383 (1914): 390.

在博伊德案中，大法官布拉德利说，立法者制定宪法第四修正案的意图是，通过这些宪法原则来保护公民不受不合理搜查和扣押的权利。这类法案来源于英国，缘由是早期的英国政府有权使用一般搜查令状搜查和扣押，这种肆意侵犯公民权利的政府专制行为后来被认为是不人道和落后的，进而遭到抵制，并由政府确立宪法原则以保障人权。同时，大法官戴承认，有必要对博伊德案中涉及的第四修正案问题作出自由灵活的解释，因为在该案中，代表政府的执法人员没有实施实际的搜查和扣押，因而依据严格的法律条文，不存在侵犯宪法第四修正案权利的问题。❶

值得关注的是，控方在反驳意见中援引了亚当斯案。❷ 就亚当斯案对威克斯案的影响而言，大法官戴认为，很明显，亚当斯案不能作为该案的裁判的参考。在该案中，被告人提出排除证据的请求的理由是，警察的行为违反了宪法第四修正案，而在亚当斯案中，警察执法依据的是合法的令状，对于警察合法搜查时偶然出现的附带搜查和扣押，美国联邦最高法院确立的原则是，这是一个附带问题，法院不会将其作为一个争点进行调查。❸

按照大法官戴的观点，对于威克斯案争议的证据的可采性，亚当斯案的裁判结论和理由没有拘束力。他指出，亚当斯案的裁决有两个基本的依据。（1）警察对于私人文件的扣押是合法搜查赌博用具时的附带事件。（2）亚当斯案依据的原则是，对于刑事案件中适格的证据，法院不会提出确定其来自何处这一

---

❶ Weeks v. United States, 232 U. S. 383 (1914): 391.
❷ Adams v. New York, 192 U. S. 585 (1904): 575.
❸ Weeks v. United States, 232 U. S. 383 (1914): 395.

附带问题。相比之下，在威克斯案中，搜查和扣押显然是非法的，而且在开始起诉前，威克斯曾两次要求归还文件。由此，大法官戴指出，很明显，对于被告在审判前提出要求归还违反宪法修正案没收的文件的动议，亚当斯案中原则无法适用。❶

大法官戴进而解释了第四修正案的效力以及法院的相关义务。他指出，宪法第四修正案的作用在于，约束政府行为，保障公民的人身、住宅、财产不受不合理的搜查和扣押，并且这种保护具有普适性，即不论公民是否被定罪或者被指控，都一律平等地受到保护。警察等执法人员在实践中通常具有一种对特定人定罪的倾向，因而会为了获取有罪证据而非法搜查扣押或者强迫他人供述，这类行为显然是侵犯了被追诉者宪法所保护的人权。法院作为正义和法律的维护者，承担着保障宪法有效实施的职责，对于政府的这种定罪倾向和相应的违法行为，应当予以否定和制止。❷

具体到该案中的争议，需要解决的问题是，在刑事诉讼中，对于作为指控证据的被告人私人书信和文件，法院享有怎样的权力？执法官员在被告人不在场的情况下，既没有取得权利人的合法授权，也没有得到法院签发的令状，搜查个人的住所并扣押了私人物品和文件。大法官戴指出，这种任意扣押私人文件和物品的行为以及之后将其在法庭上用作指控证据的做法，直接与第四修正案中的公民不受任意搜查和扣押的权利相抵触，如果执法人员的这种做法得到支持，第四修正案就成为一纸空文。法官意欲将有罪之人绳之以法，本身是没有错误并且值得鼓励的，但是这种意愿和努力，应建立在保障公民基本宪法权

---

❶ Weeks v. United States, 232 U. S. 383 (1914): 396.
❷ Weeks v. United States, 232 U. S. 383 (1914): 392.

利的基础上，而不是以牺牲这种权利为代价。❶

最后，美国联邦最高法院的判决得出结论，警察和执法人员扣押被告人文件和信函的做法，侵犯了被告人的宪法权利，而之后被告人向初审法院提出返还私人信件的申请，遭到法院的拒绝，法院驳回被告人申请的裁决是对被告人宪法权利的否定，法院本应当支持被告人返还私人物品的请求。因此裁决撤销原审法院的判决，发回重审。❷

对于非法证据排除规则的构建而言，博伊德案的突破性贡献在于，将宪法第四修正案和第五修正案结合在一起，为公民的宪法权利提供了有效的救济途径。相对于博伊德案，威克斯案的重大进展在于，法院进一步推进了对第四修正案权利的保护，将非法证据排除规则作为侵犯公民不受不合理搜查和扣押的权利的救济措施，第四修正案的权利救济措施摆脱了它在博伊德案中对第五修正案的依赖。与博伊德案不同，威克斯案的结论是，仅根据第四修正案，不需要结合第五修正案的规定，美国联邦法院就可以拒绝接受警察非法搜查扣押获得的证据。

对于博伊德案，大法官布拉德利指出，初审法院命令博伊德提交发票的做法构成了第四修正案中的搜查，这种判断是合理的。法院要求被告人提供证据的命令类似于传票，这一点在博伊德案作出裁决的 20 年后被美国联邦最高法院所肯定，在黑尔诉德国汉高（Hale v. Henkel）案中，法院指出，由大陪审团发出传票而取得文件和资料的行为可能构成第四修正案中的不合理的搜查和扣押。❸ 尽管在博伊德案中法院要求被告人提交发

---

❶ Weeks v. United States, 232 U. S. 383 (1914)：393.
❷ Weeks v. United States, 232 U. S. 383 (1914)：394.
❸ Hale v. Henkel, 201 U. S. 43 (1906)：76.

票的命令可能是一种搜查，但它并非是一种不合理的搜查，因为这一命令的目的是寻找特殊的文件资料。❶

在博伊德案中，美国联邦最高法院将第四修正案和第五修正案结合起来，以此为依据构建了非法证据排除规则的这种制裁措施，这种宪法分析是存在缺陷的。❷ 这一理论的根本问题在于，典型的违宪搜查和扣押行为并不能产生非自愿性供述。例如，在威克斯案中，没有政府强制要求威克斯创建或制作那些从他家中非法没收的文件。同时，在很多案件中，当警察非法搜查汽车或房屋并没收毒品或武器时，并没有强制要求被搜查者提供证词。即使在借助非法窃听手段获取被告人言词的案件中，也不存在对第五修正案中的权利的侵犯。❸

美国宪法修正案的若干条文之间的关系是，它们互相补充，而不是内容重叠。第四修正案保护个人隐私和财产利益不受政府不合理搜查扣押行为的侵犯，而第五修正案保护公民享有不受政府强制提供证明自己有罪的证据的权利。事实上，经过几年的时间之后，作出博伊德案判决的美国联邦最高法院很快认识到第四修正案和第五修正案是非常不同的，它们有不同的历

---

❶ Jacob W. Landynski. Search and Seizure and the Supreme Court: A Study in Constitutional Interpretation [M]. The Johns Hopkins University Press, 1966: 49-61.

❷ Yale Kamisar. Wolf and Lustig Ten Years Later: Illegal State Evidence in State and Federal Courts [J]. Minn. L. Rev., 1959 (43): 1083, 1088.

❸ 在 1928 年 Olmstead v. United States 一案中，美国联邦最高法院指出："除非违反第四修正案，否则在本案中没有适用第五修正案的余地。没有证据表明被告因受到强迫而通过电话交谈。他们在不知情的情况下不断地、自愿地进行交易。我们必须结合第四修正案来考虑本案。" Olmstead v. United States, 277 U. S. 438 (1928): 462.

史，具有不同的职能。❶ 最终，博伊德案以错误的理由得到了正确的结果。法院本可以依据宪法第五修正案而不是第四修正案作出裁决，认定要求被告人出示发票的命令违法。❷

审理威克斯案的大法官们在作出推翻初审裁判的决定时，仅以第四修正案为依据，这显示了该案裁决与博伊德案之间看似细微但值得关注的差异。威克斯案的判决书态度明确，违反第四修正案本身就足以导致初审裁判被驳回。❸ 而博伊德案的裁判强调，在禁止使用非法扣押搜查取得的证据时，第四修正案与第五修正案之间存在密切联系。❹ 但是，这一将两个修正案联系起来的理论未能阐明第四修正案的含义，也没有解释为什么宪法要求排除通过不合理的搜查或扣押获得的证据。❺ 很明显，与博伊德案中的合并理论不同，威克斯案的裁判认为，第四修正案禁止非法搜查和扣押所取得的证据，不需要借助第五修正案的共同力量，它本身就可以独立地作为排除非法证据的宪法依据。

至于如何落实第四修正案中的人权保障，大法官戴在威克斯案的判决书中重点强调了四个要点。第一，美国联邦法院的法官和联邦官员的义务和责任。他指出，美国联邦法院和联邦官员在行使各自的职权时受到第四修正案的制约，他们应当尽

---

❶ Hale v. Henkel, 201 U. S. 43 (1906): 72.

❷ Tracey Maclin. The Supreme Court and the Fourth Amendment's Exclusionary Rule [M]. Oxford University Press, 2013: 10.

❸ Weeks v. United States, 232 U. S. 383 (1914): 394.

❹ Boyd v. United States, 116 U. S. 616 (1886): 633.

❺ Thomas S. Schrock, Robert C. Welsh. Up from Calandra: The Exclusionary Rule as a Constitutional Requirement [J]. Minn. L. Rev., 1974 (59): 251, 283.

职尽责，确保公民的人身、住宅和私人物品等个人权益不受不合理搜查和扣押行为的侵犯。作为联邦法律体系中的执行者，对于推动和实施第四修正案，联邦法官负有不可推卸的责任。第二，他竭力反对一种潮流的观点，即第四修正案的权利保障条款不适用于有罪的被告人。相反，不论公民是否被指控犯罪，他们都平等地受到第四修正案的保护。第四修正案权利没有适用范围的限制，它普遍地对所有美国公民有效，不论该公民是否涉嫌犯罪、是否被指控犯罪。第三，他注意到一种趋势，即执行刑事法律的官员会以获得有罪判决为目的而非法收集证据。实践中，为了镇压犯罪、获得有罪证据，执法者常常会采用非法的方法收集和扣押证据。对于这种做法，法官的态度应当十分明确，即坚决抵制，因为这样的行为显然侵犯了公民权利，违反了宪法第四修正案，而法官承担着维护宪法的职责，不应当支持这种违宪的行为。第四，在宪法权利受到侵犯之后，公民有权向上级法院提起上诉，要求上级法院维护他们的基本权利。❶

作为博伊德案的后继者，威克斯案保留了前辈的一个关键论点，即承认非法取得的证据损害宪法的权威。在两个案件的裁决书中，大法官戴与大法官布拉德利在此方面保持了一致。在博伊德案中，大法官布拉德利认为法院要求被告人出示发票的命令是违宪和无效的，联邦检察官对发票的检查和法院对发票作为证据的承认皆是错误的，程序上是违宪的。❷ 威克斯案中的联邦执法官取得书证的行为直接侵犯了被告的宪法权利，威克斯及时提出了归还文件的要求，初审法庭拒绝这一要求就构

---

❶ Weeks v. United States, 232 U. S. 383 (1914): 392.
❷ Boyd v. United States, 116 U. S. 616 (1886): 638.

成了对被告宪法权利的剥夺，持有并允许在审判时使用这些文件是错误的。❶ 可见，威克斯案承继了博伊德案的某些思维逻辑，两项裁决都承认法庭采纳非法取得的证据是对司法程序的损害。

诚然，威克斯案所产生的影响是显而易见的：第四修正案所提供的保护，战胜了普通法中的证据规则。威克斯案创造了一种基于第四修正案新的规则，将以取得证据为目的的非法行为作为排除证据的理由，"这一原则是建立在对第四修正案的崇敬的基础之上的，这种崇敬之深和令人信服，使人们不惜以任何其他正义为代价，甚至以最间接的方式来遵守它。"❷

威克斯案宣布了一项新的规则，要求在审判中排除非法搜查和扣押获得的证据。❸ 即使是坚持认为非法证据排除规则没有宪法依据的大法官弗兰克福特也承认威克斯案的重要性。在该案裁决近30年后，弗兰克福特评论说，威克斯案确立的原则使通过不当搜查获得的证据无论多么重要都不能被采纳。❹ 虽然早在若干年前，博伊德案就作出裁定，将第四修正案和第五修正案的合并作为排除非法获得的证据的依据，但威克斯案进一步推进了这一规则的发展，将排除非法证据作为第四修正案的一个基本要素。从根本上说，从威克斯案开始，基于宪法第四修

---

❶ United States v. Weeks, 232 U. S. 383 (1914): 393.

❷ Wigmore, John H. Using Evidence Obtained by Illegal Search and Seizure [J]. A. B. A. J., 1922 (8): 482.

❸ Samuel Dash. The Intruders: Unreasonable Searches and Seizures from King John to John Ashcroft [M]. Rutgers University Press, 2004: 62.

❹ Harris v. United States, 331 U. S. 145 (1947): 159.

正案的排除规则才真正得到确立。[1]

公正地说，威克斯案的裁决并非完美无缺。就该案裁判的说理部分，很多学者提出了质疑。

根据威克斯案的判决意见，法院作出裁决的依据十分简单明了，即第四修正案本身就禁止法院接受违反第四修正案的证据。[2] 审理威克斯案的大法官认定，从被告家中非法获得的文件必须归还，不能在起诉中用作证据，这一裁决的依据是"来自第四修正案的权利保障"。仔细分析该案的判决书可以看出，法官们并未将排除非法获取的证据作为一种权利救济措施来看待。[3] 这里没有提到排除非法证据的有效性与侵权救济、警察内部自律或其他补救方式的有效性的对比。而且没有关于威慑理论的讨论，即禁止使用非法获得的证据，以此来警告和预防警察违法取证，从而明确为排除性规则辩护。[4] 该案的判决也没有提及美国联邦最高法院对联邦司法系统的监督权，[5] 以及法院依

---

[1] Daniel J. Meltzer. Deterring Constitutional Violations by Law Enforcement Officials: Plaintiff s and Defendants as Private Attorneys General [J]. Colum. L. Rev., 1988 (88): 247, 268; Thomas S.Schrock, Robert C. Welsh. Up from Calandra: The Exclusionary Rule as a Constitutional Requirement [J]. Minn. L. Rev., 1974 (59): 282.

[2] Coolidge v. New Hampshire, 403 U. S. 443 (1971): 497.

[3] Yale Kamisar. Does (Did) (Should) the Exclusionary Rule Rest on a "Principled Basis" Rather Than an "Empirical Proposition"? [J]. Creighton L. Rev., 1983 (16): 598.

[4] Francis A. Allen. The Judicial Quest for Penal Justice: The Warren Court and the Criminal Cases [J]. U. Illinois L. F., 1975: 518, 536.

[5] Thomas S. Schrock, Robert C. Welsh. Reconsidering the Constitutional Common Law [J]. Harv. L. Rev., 1978 (91): 281-282.

照什么样的所谓的"证据规则"作出裁判。❶

一些法官和学者认为,威克斯案可以被狭义地解释,他们的观点是,该案的法理基础是公民的财产权。就美国联邦最高法院作出威克斯案裁决的宪法依据而言,其背后的根基是财产权。❷ 威克斯案宣布的非法证据排除规则是,要求政府返还被错误扣押的财产,因此,这项规则只能适用于人们享有合法所有权的纸张或书籍等财产,但是不能适用于违禁品等非法持有的物品。进而,有学者认为,大法官戴在威克斯案引用的宪法权利,不是一种要求法庭排除非法取得的证据的权利,而是一种请求法庭判决非权利人返还非法扣押的私人财产的权利。由此,仅仅依据威克斯案的裁决,无法得出非法证据排除规则是宪法第四修正案的应有之义或者直接要求的结论。❸

按照这种观点,非法证据排除规则背后的逻辑基础是,如果警察以侵犯公民的宪法权利的手段取得证据,政府无权拥有和使用这些非法取得的私有财物,它们应当被返还给权利人,当然就不能作为证据在法庭上使用。也就是说,对于那些违宪搜查扣押的、政府可以合法所有的财物,如违禁品、犯罪工具等,被告人无权申请法庭排除。

虽然,不可否认的是,博伊德案而不是威克斯案,最初创建了普通法关于可采性规则的例外。早在威克斯案之前的 30

---

❶ Lane V. Sunderland. The Exclusionary Rule: A Requirement of Constitutional Principle [J]. J. Crim. L. & Criminology, 1978 (69): 141, 143.

❷ Bradford P. Wilson. Enforcing the Fourth Amendment: A Jurisprudential History [M]. Taylor & Francis, 1986: 60.

❸ Potter Stewart. The Road to Mapp v. Ohio and Beyond: Th e Origins, Development and Future of the Exclusionary Rule in Search-and-Seizure Cases [J]. Colum. L. Rev., 1983 (83): 1365, 1375.

多年，博伊德案就建立了排除规则的基础。❶ 事实上，博伊德案部分地摒弃了普通法的可采性规则，要求将非法搜查所得的证据排除在刑事审判之外。❷

同样，毫无疑问的是，威克斯案的贡献是巨大的，它创建了第四修正案的排除规则。当然，这一规则适用的范围，并没有在该案中得到很好的解释。威克斯案没有澄清一个问题，如果政府通过违宪的搜查扣押获取了那些他们依法可以拥有的财物，如违禁品、走私物品或者盗窃物等犯罪所得，这些物品是否应当作为非法证据处理，法庭能否采纳此类证据。

---

❶ Morgan Cloud. The Fourth Amendment During the Lochner Era: Privacy, Property, and Liberty in Constitutional Theory [J]. Stan. L. Rev., 1996 (48): 594.

❷ Jacob W. Landynski. Search and Seizure and the Supreme Court: A Study in Constitutional Interpretation [M]. The Johns Hopkins University Press, 1966: 60.

四、更进一步——西尔弗索恩（Silverthorne）案

虽然威克斯案确立了非法证据排除规则，但它的效力是有限的。只有美国联邦系统的法院才可以适用这一规则，因为威克斯案涉及的是联邦警察缴获的证据。此外，根据博伊德案，排除规则是第五修正案禁止强迫自证其罪条款的副产品，而不是源于第四修正案。并且，依据威克斯案的裁判，排除证据的依据是第四修正案要求控方归还被非法没收的财产的规定，因此，排除规则只对人们合法拥有的财产有效，而不能对违禁品起作用，所以，法庭只能排除书籍、文件等证据，但违禁品，如毒品、枪支等，可以在法庭上被采纳。同时，亚当斯案似乎确定了一个采纳证据的一般规则：对于控方提供的具有相关性的证据，只要不属于一个狭隘的范围，即威克斯案或者博伊德案涉及的范围，无论证据是如何取得的，即使是以违反第四修正案方式获取的，都可以被法庭采纳。[1]

这种状况在20世纪20年代初开始改变。美国联邦最高法院

---

[1] Potter Stewart. The Road to Mapp v. Ohio and Beyond: The Origins, Development and Future of the Exclusionary Rule in Search-and-Seizure Cases [J]. Colum. L. Rev., 1983 (83): 1375.

裁决的西尔弗索恩木材公司诉美国（Silverthorne Lumber Co. v. United States）案，❶ 扩展了博伊德案和威克斯案确立的狭隘的排除规则。

在1920年西尔弗索恩（Silverthorne）案中，美国联邦最高法院裁定，如果在非法证据被排除后被告人仍面临基于该证据的起诉，那么仅仅排除非法获取的证据，并不能成为第四修正案权利被侵犯的可行补救措施。法院认为，应赋予排除规则以实际意义，不仅要对非法行为的直接结果适用排除规则予以制裁，而且要对非法行为的间接后果适用该制裁。"一项禁止以某种方式取得证据的规定的实质是，这样取得的证据不仅不能在法庭上使用，而且完全不能使用。"❷ 该案的裁决为法院创设"毒树之果"原则——禁止法庭采纳由非法搜查扣押的证据而派生出的其他证据——奠定了基础。❸ 西尔弗索恩案扩大了排除规则的适用范围，显示了美国联邦最高法院对非法证据排除规则的尽职尽责。

西尔弗索恩案的事实很简单。法院的传票要求被告人提交公司的账簿和文件，用于大陪审团审理被告人涉嫌犯罪，被告人拒绝服从法院的命令，理由是该命令侵犯了被告人的宪法第四修正案权利。被告人因不遵守法院的传票和命令被判处蔑视法庭罪。对于下级法院的裁判，被告人不服，向美国联邦最高法院提起推翻裁判的纠错令。❹

---

❶ Silverthorne Lumber Co. v. United States，251 U. S. 385（1920）.

❷ Silverthorne Lumber Co. v. United States，251 U. S. 385（1920）：391.

❸ Craig R. Ducat. Constitutional Interpretation ［M］. Boston：Wadsworth, Cengage Learning, 2009：536.

❹ Silverthorne Lumber Co. v. United States，251 U. S. 385（1920）：385.

西尔弗索恩木材公司总裁弗雷德里克·西尔弗索恩和他的父亲、该公司的总经理阿萨·西尔弗索恩涉嫌阴谋诈骗联邦政府罪，在美国联邦大陪审团的调查过程中，西尔弗索恩父子二人于1919年2月25日清晨在家中被逮捕，并被拘留了几个小时。在他们被拘留期间，联邦政府的工作人员向西尔弗索恩公司发出了传票，在没有任何授权的情况下前往公司的办公室，对在那里发现的所有书籍、文件和资料进行了彻底搜查。所有的雇员以及被搜出的书籍、文件等资料被带到地方检察官的办公室。西尔弗索恩公司立即向地区法院提交申请，要求归还被非法扣押的文件。检察官拒绝归还文件等证据，理由是他们找到了不利于被告人的证据，并将这些证据提交给了大陪审团。联邦检察官解释说，由于被扣押的材料与正在起诉的案件相关，所以这里不是一个对陌生人的违法搜查，而是应假定政府计划或批准了搜查扣押行动。检察官制作了照片和文件的副本，并根据所获得的证据拟定了一份新的起诉书。[1]

地区法院认为地区检察官的扣押是违法的，下令检察官将原件归还给西尔弗索恩，但保留了用原始材料制作的照片和副本。之后，法院发出了要求西尔弗索恩提交证据原件的传票，但是该传票被西尔弗索恩拒绝。尽管法院发现，政府官员扣押证据的行为侵犯了被告人的宪法权利，但是仍然要求西尔弗索恩遵照传票的命令提交原件，拒绝服从这一命令将构成蔑视法庭罪。[2]

因为拒绝遵守传票的要求，西尔弗索恩父子和该公司被地方法院判处蔑视法庭罪，西尔弗索恩公司被处以250美元的罚

---

[1] Silverthorne Lumber Co. v. United States, 251 U. S. 385 (1920)：387.
[2] Silverthorne Lumber Co. v. United States, 251 U. S. 385 (1920)：387.

款，弗雷德里克·西尔弗索恩被判决入狱，时间是直到他为自己洗清藐视法庭罪为止。❶

西尔弗索恩公司不服法院藐视法庭罪的判决，向美国联邦最高法院提起纠错令。在原告方的纠错令陈述中，西尔弗索恩公司指出，政府通过无效的令状计划并实施违宪的搜查和扣押，之后又依据扣押的证据签发传票要求被告人提交证据，此种情况下，根据宪法第四修正案的条款，公司及其人员不被强制要求提交在刑事诉讼反对他们的证据的书籍和文件。❷

被告方说，威克斯案关于宪法的裁决表明，非法扣押的证据不得用来作为反对宪法权利受到侵犯的人的证据。而本案中，如果控方胜诉，威克斯案的裁决就没有任何实质意义，对个人和公司来说，防止不合理搜查和没收的宪法保证实际上将是无效的。❸

西尔弗索恩公司特别强调了下级法院的裁判结果在实践中可能产生的影响："当检控方希望得到个人或公司的证据材料时，便会进行非法搜查和扣押，检查和复制由此获得的证据，然后，这些文件将被正式归还，但很快检察官就可以再次得到这些证据材料，非法获取的证据被合法化，办法是向被搜查者发出提交证据的传票，并指明证据材料的具体的名称和标识。"❹

对于被告方提出的不利影响，控方在自己的陈述意见中并

---

❶ Silverthorne Lumber Co. v. United States, 251 U. S. 385 (1920): 388.

❷ Silverthorne Lumber Co. v. United States, 251 U. S. 385 (1920): 389.

❸ Brief in Opposition to Motion of Defendant-In-Error to Dismiss or Affirm at 11, Silverthorne Lumber, 251 U. S. 385 (No. 996).

❹ Brief in Opposition to Motion of Defendant-In-Error to Dismiss or Affirm at 11, Silverthorne Lumber, 251 U. S. 385 (No. 996).

没有提出任何反驳。根据检察官的说法，传票是否授权进行不合理搜查和扣押的问题，与遵守传票的命令是否导致违反宪法的反对自证其罪规则的问题是分开的，第四修正案和第五修正案是不同的。而就公司而言，其不能请求免于自证其罪，因此，无论搜查证是否无效，对于书籍、账簿等证据，只要符合相关性要求，法院都应保留。❶

控方的反驳意见认为，根据美国联邦最高法院在威克斯案中的裁判意见，法院不采纳警察非法扣押的文件证据，不是因为扣押行为是违法的，而是因为被告人主张的第五修正案权利，即在其住所查获的私人文件不得用于定罪证据。因此，在西尔弗索恩案中，先前的非法扣押没有在任何方面削弱之后法院发出的有效传票的权威和效力。总检察长说，在威克斯案中，下级法院的判决之所以被推翻，是因为没有归还非法扣押的文件，而不是因为采纳这些文件作为证据。简而言之，控方的观点是，威克斯案的裁决是建立在第五修正案的基础之上的，并不是为了制裁违反第四修正案的行为。❷

控方认为，根据宪法第五修正案，一家公司，无论是州的还是联邦的，都不能就其账簿和文件行使免于自证其罪的权利。进而，控方指出，就书籍和文件等证据，如果公司在任何时候和任何情况下都没有权利主张反对强制自证其罪的宪法权利，那么公司就不能通过主张第五修正案所保障的特权而反对政府获取这些证据。虽然，最初的搜查扣押行为是违法的，但是，如果被告人无权主张第五修正案反对强迫自证其罪的权利，下级公职人员的非法行为就不能阻止政府通过法律程序获得违反

---

❶ Silverthorne Lumber Co. v. United States, 251 U. S. 385 (1920): 389.
❷ Silverthorne Lumber Co. v. United States, 251 U. S. 385 (1920): 390.

其法律的有关证据。❶

控方的反驳意见指出，西尔弗索恩案中的木材公司没有权利行使宪法第五修正案权利来反对法院获得证据，不能拒绝法院发出的合法的、明确的要求其提交证据的传票，虽然关于这些证据的存在以及内容来自于先前的非法扣押。这样，控方一方面在形式上反对和谴责非法扣押，另一方面又设法维护其以这种方式获得证据的权利。❷

大法官霍姆斯（Holmes）发表了美国联邦最高法院的意见。正如他的一贯风格，霍姆斯对该案的说理十分简洁。

在大法官霍姆斯看来，控方直接又明确的观点是有问题的。虽然控方对之前的违法扣押表示懊悔，但是他们在返还被扣押的文件之前就已经审阅并复制了这些材料，并且使用已经获得的信息要求证据的所有者以正当的形式提交这些证据。控方的论点是，第四修正案保护公民对私人文件的所有权，但是这一权利不能凌驾于政府获得证据的权力之上。霍姆斯大法官认为，控方对威克斯案的解读没有依据，仅仅从字面意思理解第四修正案，等于是"将第四修正案简化为一种文字形式"。❸

控方将一条普通法中的证据规则作为自己的论据，这条普通法证据规则禁止法院对可靠的、相关的证据的取得方式进行调查。大法官霍姆斯对此提出反驳意见，威克斯案推翻了亚当斯案，法院可以采纳非法获得的证据的普通法规则已经被威克斯案确立的排除规则所取代。但他没有解释为什么根据亚当斯案的裁决，证据不能被采纳，只是简单地指出，威克斯案起了

---

❶ Silverthorne Lumber Co. v. United States, 251 U. S. 385 (1920): 391.
❷ Silverthorne Lumber Co. v. United States, 251 U. S. 385 (1920): 391.
❸ Silverthorne Lumber Co. v. United States, 251 U. S. 385 (1920): 392.

决定性作用。❶

大法官霍姆斯说，大量的判例显示，面对威克斯案提出的规则，亚当斯案的判决已经失去效力，至于这些判决是否有些过分或给出了错误的理由，没有必要去追问，关键是威克斯案确立的原则适用于西尔弗索恩案，这一点是显而易见的。为了说明问题，霍姆斯援引了下级法院的一项判决，即1916年的弗拉格诉美国案（Flagg v. United States）❷，根据霍姆斯的说法，该判决令人满意地陈述了威克斯案对亚当斯案的影响。❸ 弗拉格（Flagg）案的判决认为，威克斯案要求法庭排除非法搜查得到的证据，仅仅把原始文件还给被告并不能治愈最初的侵权行为带来的后果，而且这是一种无用的承诺，不能补偿对被告第四修正案权利的侵犯。❹

当然，这并不意味着以违法方式获得的证据一定是不可采的。霍姆斯大法官补充说，如果对证据的获知来自于一个独立的来源，那么控方违法取证的错误就不能被用作排除证据的理由。❺

在美国联邦最高法院对西尔弗索恩案的裁判意见中，这样一句话后被广为流传："禁止以某种方式取得证据的规定的实质是，这样取得的证据不仅不应在法庭上使用，而且根本就不能使用。"这是大法官霍姆斯对第四修正案所做的简明扼要的解

---

❶ Potter Stewart, Th e Road to Mapp v. Ohio and Beyond: The Origins, Development and Future of the Exclusionary Rule in Search-and-Seizure Cases [J]. Colum. L. Rev., 1983 (83): 1365, 1375.

❷ Flagg v. United States, 233 Fed. 481 (1916).

❸ Silverthorne Lumber Co. v. United States, 251 U. S. 385 (1920): 392.

❹ Flagg v. United States, 233 Fed. 481 (1916): 486.

❺ Silverthorne Lumber Co. v. United States, 251 U. S. 385 (1920): 393.

释，这一解释包括两层含义。第一层含义是，当警察的取证行为违反宪法第四修正案时，由此获取的证据信息不得在法庭上使用，这一点是显而易见的。第二层含义是，霍姆斯宣布了对派生证据的排除规则，即法庭也不能采纳非直接来源于违宪行为但是源自于违宪证据的证据。第二层含义，在西尔弗索恩案之前是不明确的，但是，自西尔弗索恩案的判决生效后，就变得明晰了。与威克斯案一样，美国联邦最高法院在西尔弗索恩案的判决中既没有引用也没有提到排除规则，原因在于，法院认为，排除非法证据的法律依据，就是第四修正案本身。❶

---

❶ Tracey Maclin. The Supreme Court and the Fourth Amendment's Exclusionary Rule [M]. Oxford University Press, 2013: 22.

五、"毒树之果"原则——
纳尔多（Nardone）案

在1939年纳尔多（Nardone）案❶中，美国联邦最高法院首次正式使用"毒树之果"的术语。美国联邦最高法院将这种间接产生于非法搜查和扣押的"被污染"证据比喻为"毒树的果实"。"毒树的果实"一词是大法官弗兰克福特在纳尔多案中提出来的，而它的起源是西尔弗索恩案。❷ 1920年，大法官霍姆斯提出一个思想，以违反宪法第四修正案的方式取得的证据，不仅其本身不得作为证据使用，同时，以该违宪证据为线索获得的其他证据，也属于非法证据排除规则的范畴。

通过纳尔多案，美国联邦最高法院为之后确立的稀释原则做了一个铺垫。对于通过违宪的证据间接获得的证据，如果警察先前的不当行为和之后间接得到的证据之间的联系已经"减弱到足以驱散污点"的地步，那么这个争议证据具有可采性。❸作为非法证据排除规则的三个例外之一，稀释原则被美国联邦最高法院在之后的案例中提出，而纳尔多案是这一例外原则的

---

❶ Nardone v. United States (Nardone II), 308 U. S. 341 (1939).

❷ Wayne R. LaFave. Search and seizure: a treatise on the Fourth Amendment [M]. 5th ed. West Pub. Co., 2015: 1162.

❸ Nardone v. United States (Nardone II), 308 U. S. 341 (1939).

"引子"。❶ 按照"毒树之果"的理论,非法搜查扣押玷污了直接或间接从该搜查扣押得来的任何证据。但是,纳尔多案同时又认为,如果最初的非法行为与证据的获取之间的联系已经被充分削弱,这种污点就可以被洗清,证据也可以被采纳。

纳尔多被指控犯有几项相关的罪行:走私酒类、拥有和私藏走私的酒类、共谋走私和私藏走私的酒类。在初审法院,被告人申请排除控方通过非法监听电话而获取的录音证据,法院驳回该申请并对其作出有罪判决。在上诉法院,监听证据的可采性问题再次被提出。一方面,上诉法院认定,警方非法监听的证据是主要的控诉证据,如果该证据发生错误,判决就会被撤销,但另一方面,上诉法院认为,初审法院采纳这一证据的决定是正确的。所以,上诉法院作出了驳回被告人上诉、维持原审有罪判决的裁决。❷

被告人纳尔多向美国联邦最高法院申请调卷令,认为控方的证据侵犯了被告人的电话通信隐私权。美国联邦最高法院支持被告人的申请,作出撤销原判决、将案件发回重审的判决,大法官罗伯茨(Roberts)代表美国联邦最高法院撰写了该案的判决意见。该案涉及的主要问题是,警察非法监听收集和拦截的信息,在法院的刑事审判程序中,是否可以作为指控被告人有罪的证据。美国联邦最高法院认为,执法人员通过窃听的方

---

❶ Joshua Dressler, Alan C. Michaels. Understanding Criminal Procedure: Volume One, Investigation [M]. 6th ed. LexisNexis, 2013: 374-379.

❷ Nardone v. United States (Nardone I), 302 U. S. 379 (1937): 380.

法取证，违反了《美国联邦通信法》第605条❶的规定，犯了一个严重的错误，初审法院采纳由此得到的证据，侵犯了被告人的宪法权利，该证据不具有可采性。❷

之后，检察官以另一项罪名——以欺诈手段偷逃关税罪起诉被告人纳尔多。初审法院再次作出了有罪判决，被告人提出上诉，上诉法院审查后，作出了维持原判的裁决。被告人再次向美国联邦最高法院提出申请，请求审查上诉法院维持原判的判决。❸

在上诉阶段，被告人的主要上诉理由是，控方使用的主要控诉证据来源于违法监听所得的证据，这一证据不具有可采性，因而定罪不能成立，而初审法院拒绝了被告人要求排除控方非法证据的请求，对被告人作出定罪判决，这是错误的。上诉法院认为，根据1937年美国联邦最高法院就纳尔多案作出的判决，该判决意见仅针对该案的特定情形，而不适用于1939年的纳尔多案的具体情况；《美国联邦通信法》第605条并没有明确规定，非法监听通话而获得的其他证据也不具有可采性，公开这类信息与公开窃听的通信谈话是有一定区别的。❹

根据《美国联邦通信法》第605条以及1937年纳尔多案的判决，执法人员非法窃听的通信信息，不能被法院采纳为控诉证据，对此没有争议。纳尔多案争议的焦点是，控方通过非法监听的电话录音而进一步获得的其他证据，是否应当被排除？

---

❶ 该法第605条规定：未经发送者授权，任何人不得对通信信息进行窃听和拦截，不得向任何人泄露或发布该信息的存在、内容、意图、主旨、结果、意义等。

❷ Nardone v. United States (Nardone Ⅰ), 302 U. S. 379 (1937): 386.

❸ Nardone v. United States (Nardone Ⅱ), 308 U. S. 341 (1939): 342.

❹ Nardone v. United States (Nardone Ⅱ), 308 U. S. 341 (1939): 343.

也就是说，《美国联邦通信法》第605条在禁止使用监听证据的同时，是否也禁止法院采纳依托监听证据获得的其他证据？

美国联邦最高法院的判决认为，《美国联邦通信法》第605条禁止秘密的、未经授权的监听，政府执法人员由此获得的证据不具有可采性。不仅监听的通信内容不得被采纳为控诉证据使用，而且以电话通话内容为线索获得的其他证据，也应当被排除于法庭之外。对于这一规则，美国联邦最高法院又做了一些补充，提出适用该规则的程序和例外原则。辩方有义务在初审法院阶段及时提出排除证据的申请并承担相应的证明责任，控方可以"独立来源"为依据反驳辩方的主张。大法官弗兰克福特代表多数派撰写了该案的判决意见。❶

在1937年的纳尔多案中，美国联邦最高法院裁决，控方非法监听电话通话的行为违反了《美国联邦通信法》，其获得的证据不可采。1939年纳尔多案讨论的主要问题是，通过非法监听证据获得的派生证据，是否也是不可采的？美国联邦最高法院的回答是，派生于非法监听证据的证据，也应当予以排除。

大法官弗兰克福特对此的解释是，如果允许使用这类派生证据，就会缩小甚至违背《美国联邦通信法》第605条。该条款禁止任何人在未经授权的情况下通过窃听的方法获取通信信息、泄露或发布这些信息。国会的这项立法并没有明确表明，是否禁止非法窃听的派生证据，这就需要法院对此做出恰当的解释。根据1937年纳尔多案的判决，美国联邦最高法院排除了具有相关性的控方证据，原因是这些证据违背了基本的社会道德标准并且损害了个人自由。由此，如果法院仅仅禁止直接产生于非法监听的证据而同时又不加限制地采纳间接地来源于此

---

❶ Nardone v. United States（Nardone Ⅱ），308 U. S. 341（1939）：344.

的证据，那么就等于在鼓励这种不道德的、侵犯隐私权的非法取证行为。这样做的后果是，《美国联邦通信法》的立法政策和立法意图无法实现。大法官弗兰克福特又援引了西尔弗索恩案中大法官霍姆斯关于第四修正案和非法证据排除规则的观点，违反第四修正案的证据在法庭上"根本就不能用使用"。[1]

一个细节的问题是，如何既保障被告人反驳控方非法证据的权利，又确保刑事审判的顺利进行。大法官弗兰克福特指出，刑事诉讼的核心是将罪犯绳之以法，因此要制约辩方的恶意诉讼行为。由此，辩方主张控方证据违法、申请法庭排除非法证据时，要及时提出申请，否则会打断审判进程、拖延诉讼。如果在审判进行过程中，辩方才提出排除证据的申请，就必须提供证据说服法官相信一个事实，即在审判前的阶段，辩方无法得到提出主张的足够的证据支持。关于控方证据是"毒树之果"、受到违法行为的污染这一事实，辩方负有证明责任，必须说服法官并达到使法官认为辩方的主张可信的程度。[2]

值得一提的是，大法官弗兰克福特强调了一个在本案中并没有必要提出的问题，即第四修正案不要求排除从独立来源获得的证据。他详细阐述了大法官霍姆斯在西尔弗索恩案中的话语，即"如果关于案件事实的证据来自于一个独立的来源"，则可以允许控方加以使用。一方面，非法监听证据和控方证据之间存在因果关系；另一方面，有的时候，这种关系是十分微弱的，并且微弱的程度可以达到足以净化证据受到的污染。这样，一旦辩方能够提供证据证明主要的控诉证据是"毒树之果"，法庭就应当保证控方有足够的机会为自己辩解，证明这些证据具

---

[1] Nardone v. United States（Nardone II），308 U. S. 341（1939）：346.
[2] Nardone v. United States（Nardone II），308 U. S. 341（1939）：348.

有独立的来源。❶

1939年纳尔多案的判决表明,"毒树之果"的概念和"稀释原则"二者并存,共同在非法证据排除规则的适用过程中发挥重要作用。虽然在纳尔多案作出判决的年代,威克斯案和西尔弗索恩案的裁决起着主导作用,但是,大法官弗兰克福特并没有解释,为什么以及如何使"稀释原则"与"个人有权申请法院排除直接或间接来源于非法取证行为的证据"这一规则相适应。❷

---

❶ Nardone v. United States (Nardone Ⅱ), 308 U. S. 341 (1939): 350.
❷ James J. Tomkovicz. Constitutional Exclusion: The Rules, Rights, and Remedies that Strike the Balance Between Freedom and Order [M]. Oxford University Press, 2011: 102.

六、稀释原则——王森（Wong Sun）案

继马普案之后，美国联邦最高法院判决的下一个重要的非法证据排除案件是1963年的王森（Wong Sun）案。❶美国联邦最高法院运用该案的逻辑限制了非法排除规则的适用范围。

在纳尔多案中，美国联邦最高法院首次提出了"毒树之果"的"稀释原则"，即如果警察的违法行为与被告人申请排除的证据之间的关系十分微弱，足以净化被质疑的证据受到的污染，此时，这种通过警察的违法行为间接产生的、与违法行为的因果关系不是十分紧密的证据，具有可采性。❷23年之后，美国联邦最高法院在王森案中再次对"稀释原则"进行了阐释。

1959年6月的一个凌晨，旧金山市的联邦缉毒官员逮捕了霍姆·威（Hom Way）并从他的住处查获没收了海洛因。霍姆·威告诉警察，他曾经从一个叫作布莱基·托依（Blakie Toye）的人那里购买过毒品。之后，警察根据霍姆·威提供的线索找到了一个名为詹姆斯·华·托依（James Wah Toye）的人，警察逮捕了他，搜查了他的住宅，但是没有找到毒品。詹姆

---

❶ Wong Sun v. United States, 371 U. S. (1963).
❷ Nardone v. United States (Nardone Ⅱ), 308 U. S. 341 (1939).

斯·华·托依向警察供述了另一个可疑分子——约翰·伊（Johnny Yee）。警察随即来到约翰·伊的住处，经过交涉，约翰·伊向警察交出了一些海洛因。警察将詹姆斯·华·托依和约翰·伊带到警察局，在那里，约翰·伊交代，海洛因是一个名为王森的人卖给他的。警察又来到王森的住处，全面搜查了他的住宅，但是没有发现毒品。警察分别对嫌疑人詹姆斯·华·托依、约翰·伊和王森进行了讯问。讯问结束后，警察根据讯问记录，制作了书面笔录。但是，詹姆斯·华·托依和王森都不愿在书面笔录上签字。❶

检察官以贩卖和隐匿海洛因的罪名提起诉讼。根据相关法律规定，控方仅须证明被告人持有毒品，就可以完成证明责任，被告人如果证明自己持有毒品具有正当理由，就可以推翻指控。控方提出的用以证明被告人持有毒品的证据包括：警察实施逮捕时，詹姆斯·华·托依在自己卧室所做的口头陈述；约翰·伊交给执法人员的海洛因；詹姆斯·华·托依和王森向警方所做的、没有签字的书面陈述。在初审法院，被告人的辩护律师提出了排除非法证据的申请，认为警察的逮捕和搜查行为是非法的，控方的证据是这些非法行为产生的"毒树之果"，因而，控方的证据不具有可采性。❷

初审法院审理后作出裁决，认为辩方提出的排除非法证据的申请没有足够依据，因而驳回了辩方的请求，最终采纳了控方的证据。被告人詹姆斯·华·托依和王森对初审法院就证据排除申请作出的决定不服，向上级法院提起上诉。该案的争议焦点是，初审法院采纳控方证据的做法，是否正确？

---

❶ Wong Sun v. United States, 371 U. S. (1963)：473-474.
❷ Wong Sun v. United States, 371 U. S. (1963)：474-475.

上诉法院首先审查了警察对詹姆斯·华·托依和王森实施的逮捕的合法性问题。对于詹姆斯·华·托依的逮捕，上诉法院认为，提供逮捕线索的霍姆威此前从未做过线人，没有明显的证据表明他是可靠的，而且在被逮捕人詹姆斯·华·托依的家中，警察没有发现毒品，也没有找到任何其他可以为无证逮捕提供充足理由支持的证据。对于王森的逮捕，也没有迹象表明，线人约翰·伊是可以信赖的。由此，上诉法院指出，警察对詹姆斯·华·托依和王森的逮捕属于非法逮捕，因为它们既不符合相关的法律规定，即宪法第四修正案要求的"合理根据"和1956年《麻醉剂制品控制法》规定的"合理基础"。但是，针对关键的争议问题，即是否采纳控诉证据，法院没有支持被告人的主张，控方提供的用于证明被告人有罪的证据，不来源于非法逮捕，因而不属于"毒树之果"，不适用非法证据排除规则。❶

上诉法院接着又审查了警察对詹姆斯·华·托依和王森所做的没有签名的自白。被告人提出这些供述没有补强证据的问题，法院认为，约翰·伊向警方交出的麻醉剂制品，以及逮捕时詹姆斯·华·托依在家中向警察所做的陈述，构成两被告人自认的补强证据。被告人还申请否定这两份自白的可采性，原因是它们没有被告人的签名。上诉法院驳回了被告人的申请，理由有二：第一，采纳这些自白不会导致对被告人的不公正；第二，对于这些书面陈述所记录的谈话情况，警察以适当的方式向法庭提供了实质性的证言。❷

在美国联邦最高法院，该案的争点是，警察对被告人詹姆

---

❶ Wong Sun v. United States, 371 U. S. (1963): 476.
❷ Wong Sun v. United States, 371 U. S. (1963): 477.

斯·华·托依和王森的逮捕是否合法？如果答案是否定的，由这些违法逮捕获取的证据是否具有可采性？最高法院以5∶4的投票结果作出裁决。大法官布伦南代表美国联邦最高法院撰写了判决意见。

关于警察对托依的逮捕的合法性问题，美国联邦最高法院认可上诉法院的裁决，即逮捕没有合理基础和合理根据，执法人员未经公民的允许就闯入其私人领域，属于非法的执法行为。随后，警察又在卧室内逮捕了被告人，这一行为构成非法逮捕。那么，在认定警察对托依的逮捕是违法行为之后，可以做出什么样的推论？警察的非法逮捕会带来什么后果？直接牵连的问题是，经由非法逮捕产生的言辞证据和实物证据是否具有可采性？

在此，大法官布伦南论证的主要依据是大法官弗兰克福特在1939年纳尔多诉国家案中的观点理论，涉及"毒树之果"的界定以及与之相关的"稀释原理"。[1] 虽然大法官弗兰克福特在纳尔多案中并没有讨论宪法第四修正案的案件，但这并不影响大法官布伦南在王森案中用"毒树之果"和"稀释原则"的分析来讨论从违反第四修正案的非法证据中获得的证据的可采性问题。[2]

大法官布伦南首先说明，在非法证据排除规则的适用方面，实物证据与言辞证据之间没有本质的区别。虽然在传统意义上，排除规则的内涵是，不得采纳非法搜查扣押的实物证据以及由非法取证的直接后果获取的实物证据，但是，从宪法的基本政策的视角出发，第四修正案和排除规则既针对典型的、传统的

---

[1] Nardone v. United States, 308 U. S. (1939): 338, 341.
[2] Wong Sun v. United States, 371 U. S. (1963): 480.

搜查扣押这类违法执法行为，也涉及非法监听等与言词证据有关的执法。仅仅排除非法的实物证据而不排除言词证据，这一结论没有任何的正当理由。大法官布伦南说，紧缩排除规则的范围，将言词证据置于其外，这是十分危险的，所以对言词证据和实物证据区别对待的做法是不可取的。❶

接着，大法官布伦南运用上述逻辑和结论来分析托依在卧室所做的陈述的可采性问题。警察未经允许和授权闯入托依的家中，进入他的卧室并给他戴上手铐逮捕了他。之后，托依回答了警察的一系列问题，向警方提供了若干办案线索。对于托依在卧室的陈述，控方认为不应当作为非法证据的"毒树之果"被排除，理由是，尽管该陈述与非法逮捕有关，但托依是基于自己的自由意志向警方交代事实的，所以可以被作为证据采纳。大法官布伦南否认了这一说法。他解释说，在当时那种受到压制的情境之下，推断托依对警察提问的回答出于自愿，可以净化非法入侵的污点，这是不合理的。❷

否定了托依向警察所做的陈述的可采性之后，大法官布伦南又论证了是否采纳警察从约翰·伊那里查获的麻醉品的问题。警察之所以能够找到约翰·伊并且发现非法毒品，主要线索来源就是托依在自己的卧室向警察所做的陈述。托依的陈述应当被排除，那么由此产生的搜查结果——在约翰·伊的处所被找到的毒品，是否可以作为证据使用？大法官布伦南得出的结论是，这些毒品不能作为控诉证据使用。首先，在约翰·伊处查获的麻醉品没有"独立的来源"，它产生于托依的陈述，没有托依的帮助，警察无法找到约翰·伊和他藏匿的毒品。其次，警

---

❶ Wong Sun v. United States, 371 U. S. (1963): 482.
❷ Wong Sun v. United States, 371 U. S. (1963): 483.

察违法获取托依的陈述的行为与在约翰·伊处发现的毒品证据之间,关系比较密切,非法行为与受质疑的证据之间的联系没有被稀释到足以消除非法证据造成的污染的程度,因而不符合"稀释原则"的要件。因此,警察从约翰·伊处获取的麻醉品,是非法搜查行为产生的"毒果",不能作为反对被告人的证据。

在对被告人托依的几个定罪证据中,托依在家中向警察所做的陈述以及警察以此为线索从约翰·伊处查获的毒品,因为不具有可采性而被法庭排除,有力的控诉证据仅剩托依和王森所做的没有签名的自白。这里涉及两个基本原则:刑事诉讼被告人的自白单独不能作为定罪证据,需要借助外部的补强证据;被告人在被逮捕后所做的庭外陈述,在法庭上不能用作反对陈述人的犯罪同伙的证据。由此,托依的没有签名的刑事自白不能单独作为定罪证据,而王森的没有签名的陈述又不能作为前述证据的补强证据。这样,初审法院的定罪判决因为缺乏足够的证据支持而被美国联邦最高法院撤销。❶

上诉法院认定,警察对于王森的逮捕,是非法的。警察在没有搜查令的情况下进入了王森家中,发现王森睡在自己的卧室里,在没有合理依据和正当理由的情况下,逮捕了他。之后,王森具结后获释,数天后自愿来到联邦警署并做了陈述。对于该陈述的可采性问题,大法官布伦南说,警察的非法逮捕和与王森获释后又回到警局自愿做出的陈述,它们之间的联系已经被稀释到可以消除非法逮捕行为的污点的程度。根据"稀释原则",这一陈述不是非法逮捕的"毒果",可以被作为证据采纳。至于为何得出这样的结论,大法官布伦南没有做出明确具体的解释。他只是分析了陈述没有被告人的签名的问题,认为这一

---

❶ Wong Sun v. United States, 371 U. S. (1963): 484.

瑕疵只会影响证据的证明力和可信性，不会导致证据的可采性被否定。由此，大法官布伦南的结论是，法庭可以采纳王森的书面陈述作为控诉证据使用。❶

既然王森的陈述可以作为定罪证据，那么接着需要考虑的问题是，是否有足够的证据对他定罪。首先涉及的是警察从约翰·伊那里查获的麻醉品。对于托依的定罪，这一证据属于"毒树之果"，应当被排除。但是，对于王森，美国联邦最高法院认为，这一证据的取得没有侵犯王森的个人隐私，因而他不享有质疑这一证据的证据能力的资格，没有权利反对控方使用该证据。据此，法庭可以采纳从约翰·伊处取得的麻醉品这一证据，作为对王森的定罪证据。接下来的问题是，托依的陈述能否作为王森的陈述的补强证据，美国联邦最高法院对此做出了否定的结论。但是，美国联邦最高法院发现，初审法院有可能认为麻醉品不足以补强王森的陈述，而错误地将托依的陈述作为补强证据使用。因而，美国联邦最高法院认为，初审法院对王森的定罪应当撤销，将案件发回重审。❷

王森案的重要影响在于，它对"稀释原则"作出了进一步的阐释。美国联邦最高法院对所谓的"若非"标准（"But For" Test）予以否定，认为若仅仅因为警察没有违法行为就无法获取相应证据，并不能导致所有因此取得的证据都是"毒树之果"的后果。对于可采性存在争议的证据，关键的考察指标是，该证据是如何取得的，是警察的违法行为的直接后果，还是通过其他的、足以洗清先前违法行为污点的其他手段获得的。❸ 也就

---

❶ Wong Sun v. United States, 371 U. S. (1963): 485.
❷ Wong Sun v. United States, 371 U. S. (1963): 488.
❸ Wong Sun v. United States, 371 U. S. (1963): 486–487.

是说，当某个证据与此前发生的警察违法行为存在关联，警察违法是"毒树"，该证据并不一定是"毒果"，判断证据的性质，需要分析该证据和警察之前的违法行为之间的关系的密切程度，当这种关系比较疏远，足以消除争议的证据受到的"毒树"的污染，证据就不是"毒树之果"，其可采性就可以得到确认。

当然，由先前的警察违法行为派生出来证据是否受到该违法行为的污染，什么情况下污染可以认为已经被洗净，美国联邦最高法院自己也无法确定一个明确的标准。在作出裁决时，法院需要根据个案的事实来具体情况具体分析，没有任何指标是可以适用于任何情境的。同时，"稀释原则"与非法证据排除规则的"成本—收益"分析有密切关系。按照"成本—收益"的观点，关联性的微弱达到何种程度才能净化污点，可以这样判断：之前发生的警察违法，其危害性在之后的取证过程中已经变得十分微不足道，使得排除证据的威慑作用完全小于它产生的社会成本。❶

对于刑事被告人而言，王森案似乎不是一个利好消息。该案的裁判结果表明，并不是所有的来源于先前非法取证行为的证据都会因被认定为"毒树之果"而被法庭排除。

为什么王森的供述与警察的违法逮捕之间的关系疏远、被稀释，是什么导致警察违法逮捕的污点得到消除？该案的判决书没有对此直接回应。大法官布伦南的裁判书没有为"稀释原则"确立一条明确的规则，只是提供了一个笼统的判断方法：受到质疑的证据是通过非法取证获得的，还是通过其他的、可

---

❶ [美] 约书亚·德雷斯勒. 美国刑事诉讼法精解：第1卷·刑事侦查 [M]. 4版. 魏晓娜，译. 北京：北京大学出版社，2009.

以与先前的违法行为明显区分并清除主要污点的手段获得的。❶ 很明显，王森之所以向警察陈述事实，其根源是之前发生的逮捕，这样，法庭采纳这一供述，其实就等于允许政府从违反第四修正案的行为中获利。❷ 布伦南的意见没有提供任何理由认为，如果没有非法逮捕，王森会供认不讳。

至于"稀释原则"与第四修正案权利之间的关系，王森案未能给出合理的解释。美国联邦最高法院提出"稀释原则"的概念时，其所以依托的正是这样一个基本前提，即作为一项宪法权利，公民有权要求法庭排除以违反第四修正案权利的方式取得的证据，那么，公民享有的申请法庭排除违法行为直接或间接产生的证据的权利与法庭采纳被稀释的证据之间，为什么以及如何关联在一起？在纳尔多案中，大法官弗兰克福特对此没有提供任何解释说明。同样，在王森案中，美国联邦最高法院也"省略"了这个重要的解释。

具有讽刺意味的是，仅仅在两年前的马普案中，美国联邦最高法院声明，"所有的以违反第四修正案的方式搜查和扣押得来的证据，均不可采纳"。❸ 马普案无疑具有里程碑地意义，但是，刚刚过了两年，通过王森案，美国联邦最高法院似乎在试图从马普案确立的规则中撤退。虽然王森的供述不直接来源于非法逮捕，但它是违反第四修正案权利的衍生物。排除这一供述证据，就可以反映并且强化一个基本的原则，即违宪的证据不可采纳。遗憾的是，美国联邦最高法院没有这样做。

---

❶ Wong Sun v. United States, 371 U. S. (1963): 488.

❷ Wayne R. LaFave. Search and Seizure: A Treatise On the Fourth Amendment [M]. 5th ed. West Pub. Co., 2015: 258.

❸ Mapp v. Ohio, 367 U. S. (1961): 643, 655.

第二章 发展：从联邦到州

就其根源而言，设置《权利法案》的目的是限制美国联邦政府的权力，❶ 因此，第四修正案不适用于州程序，这一问题很早就有了定论。❷ 1868年通过的美国宪法第十四修正案，明令禁止各州未经正当法律程序剥夺任何人的生命、自由或财产，这里的难题是，第十四修正案适用于各州，这一规则对于宪法前八条修正案在各州的适用问题会产生什么影响？

在威克斯案中，美国联邦最高法院旗帜鲜明地说，法和法治要求第四修正案不能被简化为"文字形式"。美国联邦最高法院裁决，警察等政府工作人员采用非法搜查扣押手段获取证据的行为侵犯了公民的第四修正案权利，这类证据因为违宪所以不能被法庭采纳作为控诉证据。这一裁决确立了非法证据排除规则作为第四修正案保护措施的重要地位。但是，审理威克斯案的美国联邦最高法院的大法官们并没有明确指出，在美国联邦法院系统有效的非法证据排除规则是否适用于各州？30年之后，威克斯案对第四修正案的这种解读在1949年沃尔夫（Wolf）案❸中受到了挑战。美国联邦最高法院的多数法官似乎并没有接受威克斯案确立的一个原则，即第四修正案要求法庭排除无理搜查扣押取得的证据。

沃尔夫案的判决似乎意味着，州法院可以采纳任何违宪扣押的证据，无论警方使用的手段多么不合情理或令人发指。这种过于绝对和极端的观点，在三年后的罗钦诉加利福尼亚州（Rochin v. California）一案中遭遇了反击。在罗钦（Rochin）案中，加利福尼亚州的警察闯入被告的家，尝试使用武力取出被

---

❶ Barron v. Baltimore, 32 U. S. (7 Pet.) 243, 8 L. Ed. 672 (1833).
❷ Smith v. Maryland, 59 U. S. (18 How.) 71, 15 L. Ed. 269 (1855).
❸ Wolf v. Colorado, 338 U. S. 22 (1949).

告吞入口中的胶囊,在失败后又把被告送往医院,要求医生使用催吐的方法取到被告吞下的胶囊。美国联邦最高法院认为,不能以触犯正义感的方法来定罪,因此法庭必须排除这些胶囊,因为它们是通过震惊良心的行为获得的。弗兰克福特大法官代表多数派指出,如果法院同意,为了给一个人定罪,警察不能用武力从被告的头脑中取得需要的证据,而只能榨取他的胃里的东西,那将是宪法历史进程赋予法院的责任的一种愚蠢表现。❶

罗钦案的排除规则并不能囊括所有违反第四修正案的情况,这一点很快——仅仅两年后——就在另一起非法证据排除争议的案件中得到了证实。美国联邦最高法院对发生在1954年的欧文诉加利福尼亚州案(Irvine v. California)中作出裁决,认为虽然警察多次非法进入被告人家中安装秘密麦克风并监听居住者一个多月的谈话,但是由此得到的证据并不需要被求排除。大法官杰克森(Jackson)代表美国联邦最高法院发表判决意见时指出,确实有一些警察的取证措施明目张胆地、故意和持续地违反了第四修正案声明的基本原则,但是,该案中不存在这种情况,这里没有强迫、暴力和残忍的行为,因此排除规则在该案中是不适用的。❷

与欧文案类似,在1957年的布雷索普特诉亚拉巴马州(Breithaupt v. Abram)案中,美国联邦最高法院也没有适用罗钦案的判决。在该案中,被告人在高速公路上驾驶车辆时与一辆客车相撞,3人死亡,被告人受重伤。警察在被告驾驶的车辆内里发现了一个酒瓶,于是在医生的监护下从一名昏迷的人身上

---

❶ Rochin v. California, 342 U. S. 165 (1952).
❷ Ivrine v. California, 347 U. S. 128 (1954).

提取了血样。之后，被告人被指控犯有过失杀人罪，血液检测结果在审判中被作为证据使用。大法官克拉克（Clark）指出，在这里没有任何可以与罗钦案的事实相当的东西，二者的区别是根本性的，在医生的监控下抽取血样，并不存在罗钦案中的"野蛮"或"侵犯"。❶

在沃尔夫案之后的阶段，值得关注的是所谓的"银盘理论"，即州警察在没有美国联邦任何级别的执法部门参与的情况下，非法搜查扣押涉嫌美国联邦犯罪的证据，之后转交给美国联邦当局用于起诉，这类证据在法庭上可以被采纳。在1960年的埃尔金斯诉国家（Elkins v. United States）案中，美国联邦最高法院推翻了"银盘理论"。代表美国联邦最高法院发表判决意见的斯图尔特大法官指出，沃尔夫案的判决表明，第十四修正案的正当程序条款禁止州执法官员非法搜查和扣押，这意味着，州警察非法获得的证据在联邦起诉中不具有可采性。❷

12年后，美国联邦最高法院在马普案中裁决，州执法人员违反宪法第四修正案获取的证据，在州刑事诉讼中不具有可采性的。以沃尔夫案中的某些论断为基础，马普案否定了沃尔夫案的主要观点，指出第四条修正案禁止不合理的搜查扣押条款不仅隐含在法律正当程序所要求的"有序自由"概念中，而且"有序自由"同样要求州法院排除非法取得的证据。

---

❶ Breithaupt v. Abram, 352 U. S. 432 (1957).
❷ Elkins v. United States 364 U. S. 206 (1960).

一、不适用于各州——沃尔夫（Wolf）案

1949年沃尔夫案❶标志着非法证据排除规则进程迈入一个新的阶段。弗兰克福特大法官在该案的判决意见中指出，这里涉及的问题是，在美国联邦法院系统内，根据威克斯案的判决，以违反宪法第四修正案的方式取得的证据不具有可采性，这一原则对州法院是否有效，如果州法院采纳了非法证据并据此对被告人定罪，这是否违反宪法第十四修正案的正当法律程序原则？

沃尔夫是科罗拉多州丹佛市的一名内科医生和外科医生，他的工作主要是治疗女性疾病、产科疾病以及骨盆和腹部手术。警方怀疑，沃尔夫对患者实施了非法堕胎手术。在没有取得合法授权的情况下，调查人员前往沃尔夫的诊所，逮捕了他，搜查了他的诊所，并扣押了病人的预约簿和诊断记录。警方扣押材料中包含一些女性病人的身份。随后，根据扣押材料显示的信息，调查人员就沃尔夫的医疗行为传唤和讯问了这些女病人。因非法帮助病人堕胎，沃尔夫被起诉，在初审法院，警方突袭搜查行动中扣押的文件被控方用作指控沃尔夫非法帮助病人堕

---

❶ Wolf v. Colorado, 338 U. S. 22 (1949).

胎的关键证据，法庭采纳了这些证据。最终，沃尔夫被判有罪，科罗拉多州最高法院支持了这一判决，但同时州最高法院也承认，警方对沃尔夫的诊所实施的未经授权的搜查和扣押行为违反了科罗拉多州宪法。沃尔夫对初审法院和科罗拉多州最高法院的裁决不服，向美国联邦最高法院提出上诉。

在美国联邦最高法院，该案的争议焦点是，政府非法搜查扣押证据，侵犯了公民宪法第四修正案权利，这类证据在各个州的法院系统是否可以被采纳为控诉证据？通过威克斯案，美国联邦最高法院认为，违反第四修正案的证据法庭不得采纳，但是现在的问题是，这一原则是否可以约束州法院，即是否要求各个州的法庭都要排除非法扣押取得的证据？

最终，美国联邦最高法院的裁决是驳回申请人沃尔夫的上诉，维持科罗拉多州最高法院的裁决。美国联邦最高法院指出，第四修正案适用于各州，而对于非法搜查扣押但具有关联性的证据，各州法院有权决定是否排除，即法律并不强行要求州法院适用威克斯案中的非法证据排除规则。[1]

大法官弗兰克福特对宪法第四修正案适用范围的观点对该案的裁决起着至关重要的作用，他代表美国联邦最高法院撰写了判决意见。结合威克斯案、宪法第四修正案和宪法第十四修正案，美国联邦最高法院的判决书首先提出一个问题，对于违反宪法第四修正案的证据，威克斯案认为不具有可采性，同时宪法第十四修正案确立了正当法律程序条款，那么，如果州法院采纳违反宪法第四修正案的证据并认定被告人有罪，这一裁决是否与威克斯案确立的原则相悖？是否违反宪法第十四修正案的正当法律程序原则？在回答这个问题时，美国联邦最高法

---

[1] Wolf v. Colorado, 338 U. S. 22 (1949): 33.

院从两个方面做出了解释。❶

一方面，美国联邦最高法院的观点总体上与威克斯案的裁决保持一致，承认第四修正案的核心在于保护公民隐私不受政府任意侵犯的权利，而这是"一个自由社会的根本"。宪法第十四修正案的正当程序原则代表的是一种有生命力的原则，被视为"基本权利的界限和必不可少的因素"。第四修正案是第十四修正案正当法律程序条款的应有之义，其中的公民权利是一个有序的自由社会中不可或缺的部分。警察没有取得司法授权，仅凭权威进行搜查扣押，这种行为显然是非法的，因为它违背了"基本的深深根植于历史上英语国家的宪法文件的人权观念"。如果州的法律接受和认可警察侵犯宪法第四修正案权利的行为，这就与第十四修正案的条款相悖。所以，美国联邦最高法院认为，第四修正案的隐私保护条款，通过第十四修正案的正当法律程序条款，适用于各州，也就是说，各州应当受制于第四修正案的约束，在州法院系统，第四修正案是有法律效力的。❷

另一方面，在承认第四修正案广泛适用于各州的前提之下，美国联邦最高法院进一步指出，关于如何救济这一基本权利，通过怎样的方式可以有效救济权利，这是另外一个问题。在权利救济的方式和途径方面，不可以局限于教条的解决方案。在1914年威克斯案中，美国联邦最高法院的裁决是，在联邦法院系统，法院不得采纳非法搜查扣押的证据，因为这种取证方式违反宪法第四修正案。沃尔夫案的裁决不否定威克斯案的结论，但是对于法院是否应当排除非法搜查扣押的证据、宪法第四修

---

❶ Wolf v. Colorado, 338 U. S. 22 (1949): 27.

❷ Wolf v. Colorado, 338 U. S. 22 (1949): 28.

正案与非法证据排除规则之间的关系这一系列问题，审理沃尔夫案的大法官们给出了不同于威克斯案的答案。❶

威克斯案作出了排除警察非法搜查扣押的证据的裁决，并认为这是第四修正案的要求。对于排除证据本身，沃尔夫案的态度是"坚定不移"的支持，但是，沃尔夫案的裁决也表明，威克斯案关于排除非法证据的裁决只是一个"司法指示"，虽然在之后的许多案件中，它作为重要的判例被频繁地适用。这并不表明，非法证据排除规则是宪法第四修正案的要求，二者之间并没有必然的联系。对于无理由搜查和扣押获得的证据，如果它们具有逻辑关联性，是否应当将这种有关联性却获取手段非法的证据排除于法庭之外，这涉及保障基本人权不受警察肆意侵犯的方式和限度问题。沃尔夫案的裁决认为，排除非法警察取得的证据对于救济隐私权而言，并非十分必要和有效。❷

至于保护公民隐私权、制裁警察违法、威慑非法取证的有力措施，如民事损害赔偿和警察机构内部的制裁手段，都可以起到与非法证据排除规则类似的效果。沃尔夫案的裁决书中列举了若干州的判例，在这些判例中，州法院采取民事损害赔偿救济、制定法律惩治非法搜查扣押等措施，并认为这些措施如果能够有效实施也可以起到与排除非法证据同样的救济权利和阻吓违法的效果，并且不会低于正当法律程序条款保障的最低标准。❸在美国联邦系统内，基于警察违法产生的不利后果的严重性，排除非法搜查扣押取得证据是合理的，但是，这一措施在各个州内部，恐怕就不具备足够的支持理由。比如，在一个

---

❶ Wolf v. Colorado, 338 U. S. 22 (1949): 29.
❷ Wolf v. Colorado, 338 U. S. 22 (1949): 30.
❸ Wolf v. Colorado, 338 U. S. 22 (1949): 31.

社区内部，社区成员的评价和民意可以有效地遏制警察违法，而这种民众的力量很难对联邦系统的警察产生直接作用。一些州的经验表明，警察非法取证的负面影响十分微弱，为实现威慑目的，警察内部的惩戒措施足矣，完全没有必要适用非法证据排除规则。[1]

最终，美国联邦最高法院作出了支持州法院的裁决。该案的裁决结果指出，在州法院系统，针对各个州法律中的犯罪，根据第十四修正案的条款，非法搜查扣押取得的证据并没有被禁止采纳。[2] 也就是说，沃尔夫案认为，州法院对于州犯罪的诉讼，有权力决定是否适用威克斯案的结论，排除或采纳非法证据，是州法院的自由裁量权范围之内的事情，而不是宪法的要求，也不受到先前判例的约束。

对于大法官弗兰克福特撰写的判决意见，大法官布莱克（Black）发表了协同意见。他认为，一方面，宪法第四修正案禁止不合理的搜查和扣押的条款，适用于各州。这一结论的依据是，第十四修正案的本意显示，第四修正案完全适用于各州。第四修正案保护人民不受执法官员任意搜查和扣押，这样的保护在一个自由的国家是不可或缺的，而州执法官员的数量和活动比联邦官员更多，如果不限制州官员肆意侵犯公民权利的行为，这是对自由社会的"不祥预示"。但是，另一方面，联邦的证据排除规则并非宪法第四修正案的强制性要求，即第四修正案虽然禁止非法搜查扣押，但其本身并不禁止法庭采纳非法搜查扣押的证据。因此，非法证据排除规则并非第四修正案的要求，而是一项司法上创制的证据规则，对于这一规则，国会可

---

[1] Wolf v. Colorado, 338 U. S. 22 (1949): 32.

[2] Wolf v. Colorado, 338 U. S. 22 (1949): 33.

能会予以否决。❶

大法官道格拉斯（Douglas）、大法官拉特利奇（Rutledge）和大法官墨菲（Murphy）发表了反对意见。道格拉斯的意见十分简短，只有两句话，但他的立场十分明确，即无论是在联邦系统还是在州法院，违反第四修正案而获得的证据都必须被排除，理由是如果没有这一证据规则，违反第四修正案的行为就得不到有效的制裁。❷墨菲的观点是，除了排除非法证据，没有任何一种其他措施，可以有效地制裁违反第四修正案的侵权行为。他分析了对违法者提起民事诉讼和刑事诉讼这两种救济手段，认为二者都是不可行的。对侵权的警察提起刑事诉讼，是要求控方"自我审查"，这是一个"崇高的理想"，是一种不可靠的救济；而在实际的案件中，民事诉讼由于有形损害常常不存在、证明政府官员的恶意有困难以及执法人员个人的经济状等种种障碍原因，也是不可行的。由此，墨菲得出结论，只有一种补救办法可以阻止警察违反搜查和扣押条款，即排除非法获得的证据。❸拉特利奇的反对意见认为，对权利法案的遵守，不应当仅仅是空洞的承诺，而如果没有非法证据排除规则，第四修正案对公民权利的保护，就形同虚设。❹

在沃尔夫案中，美国联邦最高法院裁定，通过第十四修正案的正当程序条款，第四修正案适用于各州。但是，大多数法官主张，对于联邦法院不予采纳的违反第四修正案非法取得的证据，正当法律程序不要求州法院也必须排除这类证据。对此，大法官道格拉斯、墨菲和拉特利奇持不同意见，认为在州法

---

❶ Wolf v. Colorado, 338 U. S. 22（1949）: 39.
❷ Wolf v. Colorado, 338 U. S. 22（1949）: 40-41.
❸ Wolf v. Colorado, 338 U. S. 22（1949）: 41-47.
❹ Wolf v. Colorado, 338 U. S. 22（1949）: 47-48.

院系统，必须排除警察非法获得的证据，因为如果不这样做，对违反第四修正案的行为就没有有效的补救措施。在发表反对意见时，拉特利奇大法官明确表示，沃尔夫案的裁判结果与威克斯案对宪法第四修正案的解释不一致，"威克斯案的观点明确具体，即第四修正案本身就禁止在诉讼中使用非法获取的证据"。❶

分析沃尔夫案的重要意义是十分必要的。该案确认了一个规则，基于宪法第四修正案的非法证据排除规则不适用于州法院系统，这一裁决结果标志着美国联邦最高法院首次将宪法第四修正案与非法证据排除规则的关系割裂。就此，州法院的法官具有了适用非法证据排除规则的广泛的自由裁量权，在警察违反宪法第四修正案时有权决定是否适用非法证据排除规则。并且，当美国联邦最高法院的裁决剥离了第四修正案和非法证据排除规则之间的联系之后，它就"在联邦和州的案例中为排除规则埋下了毁灭的种子"。

沃尔夫案的焦点在于，它改写了威克斯案的裁决。分析这两个美国历史上重要的宪法大案，可以发现，它们的观点存在惊人的差异。

大法官戴在威克斯案的裁决书中说道，美国联邦政府的工作人员在取得证据时直接侵犯了威克斯的宪法权利，鉴于威克斯及时向法庭提出了返还书证的申请，法院拒绝这一申请就构成对被追诉人宪法权利的侵犯，因此，原审法院允许控方持有这些非法取得的文件资料并在法庭审判中将其作为证据使用，构成一个有害错误。❷ 可以看出来的是，第四修正案的条文本身

---

❶ Wolf v. Colorado, 338 U. S. 22 (1949): 48.
❷ Weeks v. United States, 232 U. S. 398 (1914).

对允许法庭采纳或者要求其排除非法证据没有任何明确的规定，但对于威克斯案的裁决而言，这一点无关紧要。而且，威克斯案的裁决中并没有提到，该案本身创设了一个证据规则。同时，威克斯案中也没有任何声明说，该案的目的是阻止或者威吓违反宪法的搜查和扣押。

大法官弗兰克福特在沃尔夫案的裁决书中这样评述威克斯案："它并非第四修正案的明确要求，它仅是一个司法指示。"❶ 他发现，有很多州反对适用威克斯案中的排除规则，并指出，排除规则作为一种救济手段，直接服务于特定人群，即在他们的身上或者住所发现了定罪证据。大法官弗兰克福特认为，威吓效力是非法证据排除规则建立的根基，他将预防和阻吓警察不当行为的理论注入排除规则的讨论中，然而，他又明确表示，产生威吓效力的理由不足以作为将排除规则适用于各个州的依据。❷ 在裁判书的最后一段，大法官弗兰克福特提到了国会立法的问题。"虽然最高法院对第四修正案的解释表明，非法获得的证据不可采，但如果国会根据其立法权力通过一项旨在否定威克斯原则法规，就会出现一个不同的问题。"❸ 由于在这个问题上现阶段没有国会的立法，美国联邦最高法院只能依赖自己的判断。大法官布莱克在发表协同意见时同意大法官弗兰克福特的结论，即排除规则并不是宪法的明确规定。同时，他进一步说，禁止法庭采纳非法证据不是第四修正案的要求，而是由司

---

❶ Wolf v. Colorado, 338 U. S. 22（1949）: 28.

❷ Mertens, William J. & Silas Wasserstrom. The Good Faith Exception to the Exclusionary Rule: Deregulating the Police and Derailing the Law [J]. Geo. L. J., 1981（70）: 379.

❸ Wolf v. Colorado, 338 U. S. 22（1949）: 33.

法创造的证据规则,对这一规则,国会可能会予以否定。❶

根据对沃尔夫案的传统理解,该案仅仅认定,正当程序条款并没有将非法证据强加于各州。这种理解仅仅涉及了该案的一个方面,却忽略了它的重要影响力。大法官弗兰克福特承认,威克斯案的裁决结果频繁地被作为先例适用,并声称美国联邦最高法院坚决地忠实于它。❷ 实际上,大法官弗兰克福特是在重写威克斯案。沃尔夫案将非法证据排除规则从第四修正案中分离出来,从而消除了这一规则的宪法基础。同时,大法官弗兰克福特对非法证据排除规则的合法性和有效性提出了质疑,指出国会或随后的法院裁决可能会在未来的案件中推翻该规则。❸

---

❶ Wolf v. Colorado, 338 U. S. 22 (1949): 39-40.

❷ Wolf v. Colorado, 338 U. S. 22 (1949): 28.

❸ Tracey Maclin. The Supreme Court and the Fourth Amendment's Exclusionary Rule [M]. Oxford University Press, 2013: 43.

二、妥协退让——罗钦（Rochin）案

通过沃尔夫案，美国联邦最高法院确立了非法证据排除规则不强制适用于各州的规则，即对于警察以侵犯公民宪法第四修正案权利的方式取得的证据，法庭是否可以采纳，在州法院系统，最终的决定权保留在各州。也就是说，威克斯案的裁判结论，仅在美国联邦法院系统有效，而各州法院对此规则有是否采纳的裁量权。

三年之后，美国联邦最高法院在罗钦案❶中作出的裁决似乎表明，它对非法证据排除规则持一种不是很明朗的态度，这种态度介于威克斯案的肯定观点和沃尔夫案的让步姿态之间。

1949年7月的一个早晨，洛杉矶县的治安官未经许可进入安东尼奥·罗钦（Antonio Rochin）的家中，并强行打开了二楼卧室的门。他们发现罗钦半穿衣服坐在床上，他的妻子躺在床上。警察还看到在床头柜上放着两颗胶囊。紧接着是一场搏斗。见到警察进来，罗钦迅速把胶囊吞入口中。警察见此状，立即冲向罗钦，试图从他嘴里夺出胶囊，但是没有成功，罗钦已将胶囊咽了下去。接着，警察给罗钦戴上手铐，强行将他送往医院。

---

❶ Rochin v. California, 342 U. S. 165 (1952).

在医院里，医护人员根据警察的要求，未经罗钦本人同意，向他的胃中灌入呕吐剂。之后，警察在罗钦的呕吐物中找到了他吞入的胶囊。经检验，这种胶囊中含有吗啡。最后，初审法院以非法持有吗啡对罗钦定罪。❶

罗钦对他的判决向州上诉法院提出上诉，对治安警察和初审法院的行为提出异议。他争辩说，警察未经授权和许可闯入他的住宅，之后又强行将他送往医院强行取证，初审法院在审判时允许控方使用吗啡胶囊作为证据，这些行为侵犯了他的包括宪法第四修正案所规定的权利在内的宪法权利。州上诉法院并不否认警察侵犯了罗钦的第四修正案权利；尽管如此，根据加利福尼亚州最高法院此前的裁决，州上诉法院仍然认定，在不影响审判公平和公正的情况下，初审法院采纳非法获得的证据并不违反宪法第十四修正案中的正当法律程序。由此，加利福尼亚州上诉法院维持了初审法院对罗钦的有罪判决，但是同时，上诉法院做了一件特殊的事——对警察的非法取证的行为进行了谴责。上诉法院说，一些警察闯入被告的房间，并在房间内攻击和殴打被告，另一名警察在医院内殴打、折磨及监禁被告，这些行为都是违法的。法院的一名法官还评论说，"这个案件揭露了一系列令人震惊的侵犯宪法权利的行为"。❷

罗钦对加利福尼亚州上诉法院驳回上诉、维持原判的裁决不服，向加利福尼亚州最高法院提出复审请求。加利福尼亚州最高法院拒绝了他的复审请求，尽管两名法官对此提出强烈反对，其中一名法官说道："有人能想象（隐私权）在极权主义政

---

❶ People v. Rochin, 225 P. 2d (Cal. Dist. Ct. App. 1950): 1.
❷ People v. Rochin, 225 P. 2d (Cal. Dist. Ct. App. 1950): 3.

权下受到的侵犯会比在法庭上受到的侵犯更残酷吗？"[1]

该案上诉至美国联邦最高法院，美国联邦最高法院的大法官们重审了这个案件。最终，美国联邦最高法院作出了支持罗钦的裁决，撤销原审法院的裁判，将案件发回重审。大法官弗兰克福特代表美国联邦最高法院撰写了该案的判决意见。

加利福尼亚州上诉法院维持了初审法院对被告人罗钦的判决，理由是采纳吗啡胶囊作为证据，这并没有损害审判程序的公正性，因此也就没有违反正当程序条款。对此，大法官弗兰克福特提出反对意见，认为初审法院采纳这些证据的行为违反了第十四修正案的正当程序条款。他指出，警察的一系列行为，从擅自闯入私人住宅、强行掰开被告人的嘴巴试图取出胶囊到将被告人押往医院洗胃，"震惊了人们的良知，即使是麻木了的神经也会受到震撼"，警察的行为太露骨，与严刑拷打相差无几，完全不符合宪法的规定。法院如果允许、支持这种警察暴力，就是在用法律的外衣来掩盖暴行。其结果是极其可怕的，不仅会贬损法律的声誉，而且会让整个社会变得残暴。[2]

美国联邦最高法院的结论是，法院仅仅认为证据具有相关性，就在审判中采纳那些违反文明社会基本道德准则的证据，这种做法违反了宪法第十四修正案。[3]

值得注意的是，罗钦案的裁决中没有提到宪法第四修正案。大法官弗兰克福特在该案中对第四修正案的沉默意义深远。在整个上诉过程中，罗钦始终坚持说，宪法第四修正案禁止法院采纳非法获取的证据，而初审法院采纳警察使用强迫手段获取

---

[1] People v. Rochin, 225 P. 2d (Cal. 1951): 913, 914.
[2] Rochin v. California, 342 U. S. 165 (1952): 169.
[3] Rochin v. California, 342 U. S. 165 (1952): 171.

的吗啡胶囊作为指控证据并对被告人定罪，这种做法违反了第四修正案。在沃尔夫案的裁判书中，大法官弗兰克福特曾经说，如若警察的搜查只是依据权威进行而没有取得合法授权，这毫无疑问是违法的，因为这种行为违背了根植于宪法文件中的基本人权观念。❶ 在罗钦案中，警察对被告人基本人权的侵犯，与大法官弗兰克福特在沃尔夫案中描述的"警察的搜查只是依据权威进行而没有取得合法授权"，似乎更为严重。但有意思的是，尽管警察的行为令人发指，但大法官弗兰克福特在裁决中就警察的搜查和扣押行为是否违反第四修正案并未发表任何意见。他的这种有意无意的"疏忽"似乎可以表明美国联邦最高法院的一种态度——如果初审法院的裁决仅违反宪法第四修正案而不涉及第十四修正案或其他条款，并不会促使美国联邦最高法院撤销基于承认非法获得的证据而作出的定罪。❷

---

❶ Wolf v. Colorado, 338 U. S. 22 (1949).

❷ Tracey Maclin. The Supreme Court and the Fourth Amendment's Exclusionary Rule [M]. Oxford University Press, 2013: 51-52.

三、相持不下——欧文（Irvine）案

欧文案❶和罗钦案一样，也发生在洛杉矶县，并且两个案件的发生时间相距仅仅17个月。但是，发生在罗钦案之后的欧文案，并没有遵循先例，而是从另一个角度狭义地解释了罗钦案所确立的规则。

洛杉矶县治安警察在没有法院授权也未经当事人允许的情况下闯入帕特里克·欧文（Patrick Irvine）家中。他们怀疑欧文从事非法的簿记工作，但没有足够的证据证明自己的猜测。尽管对于可疑的犯罪行为缺乏证据证明，洛杉矶警察局局长仍然在洛杉矶县地方检察官知情的情况下，授权下属闯入欧文家中，安装隐蔽的麦克风，用以记录可能发生的不法行为。继第一次非法进入住宅之后，警察又秘密地两次进入欧文的家，把麦克风放在他的卧室里以及一个壁橱里。最终，警察从安置在欧文家中的秘密装置中获得了证据，法庭依据这些证据判处欧文违反加利福尼亚州赌博法。❷

该案上诉到美国联邦最高法院，美国联邦最高法院作出裁

---

❶ Irvine v. California, 347 U. S. 128 (1954).

❷ Irvine v. California, 347 U. S. 128 (1954): 131.

决维持原判，驳回欧文的上诉。美国联邦最高法院的裁决说，对于警察通过秘密安置窃听设备获取的录音证据，是否具有可采性，决定权在控方。对此，在罗钦案代表多数法官观点的大法官弗兰克福特持反对意见。法院以5∶4的投票结果作出判决，大法官杰克森代表美国联邦最高法院撰写了该案的判决意见。

显然，欧文案和罗钦案有若干相似之处，包括警察违法取证发生的时间、地点、受到侵犯的权利以及案件涉及的法律问题等，但令人不解的是，美国联邦最高法院对类似案件作出了相反的裁决。大法官杰克森在裁决中比较了这两个案件，认为欧文案和罗钦案都涉及警察违法取证问题，但是二者是有巨大差异的。在罗钦案中，警察不仅非法闯入被告人住宅，而且侵袭、监禁、折磨被告，而欧文案的不同之处在于，不管该案中警察的行为是多么令人讨厌和无法接受，但是这些事实都不涉及强迫、暴力或对人的暴行，而只是入侵公民住所外加非法窃听。大法官杰克森指出，美国联邦最高法院在罗钦案中做出撤销原判的裁决，其原因并不是警察非法搜查，因为该案的裁判结果刻意回避并从未提起过沃尔夫案。❶ 显然，大法官杰克森认为，仅仅因为警察的非法搜查和扣押，并不会导致撤销判决的裁决结果，进而可以看到，他的意见认为罗钦案并不构成欧文案中法庭对被告人定罪的障碍。

当然，大法官杰克森并不想推翻沃尔夫案的裁决，也不想对沃尔夫案做任何负面的评价。他说，警察的非法搜查和扣押会在人民的脑海中产生轻微的冲击，而如果冲击变得严重，法庭就必须排除证据，否则美国联邦最高法院就会推翻初审法院的定罪判决。同时，他不认为根据对司法人员产生的震惊程度

---

❶ Irvine v. California, 347 U. S. 128 (1954)：132.

来界定和区分合法与非法搜查、扣押有任何好处，因为这样一个模糊的、主观的和不确定的规则，会使得州法院不知所措，他们希望审判程序建立在坚实的宪法基础上，却不知道它应该作出什么规定。❶

虽然上述理由足以对欧文案做出裁决，此案也不需要讨论联邦法院的非法证据排除规则，但大法官杰克森还是提出了对该规则的一些评论意见：是否适用联邦法院的非法证据排除规则主要由法官自由裁量决定，因为证据的可采性是由普通法原则所确定的。❷ 在欧文案的判决书中，杰克森并没有论证证明威克斯案确立的非法证据缺乏宪法基础，而是认为威克斯案仅仅是宣布了一条证据规则。大法官杰克森还对非法证据排除规则的有效性提出了怀疑。虽然缺乏对非法证据排除规则的实证考察，但他认为，法院审理过的案件表明，适用该规则并不能消除联邦警务人员的非法入侵。他指出，像欧文这样的人，之所以在诉讼中援引这条规则，只是为了逃脱定罪。而且，法院因警察的不当行为而释放被告，其惩戒或教育效果是间接的，充其量只能起到轻微的威慑作用。❸

在判决书的最后，大法官杰克森还敦促司法部调查欧文案中非法取证的加利福尼亚州警察，如果他们确实犯了"非宪法上的错误"，则对这些警察提起刑事诉讼。❹ 最终，这些警察没有被起诉，原因是他们是在警察局局长的命令下行动的，而对

---

❶ Irvine v. California, 347 U. S. 128 (1954)：134.
❷ Irvine v. California, 347 U. S. 128 (1954)：133-134.
❸ Irvine v. California, 347 U. S. 128 (1954)：135-136.
❹ Irvine v. California, 347 U. S. 128 (1954)：137.

警察局局长的命令当地地方检察官完全知情。❶

最终,欧文案没有被发回重审,美国联邦最高法院维持了初审法院的定罪判决,虽然支持这一裁决的五位大法官都认可,被告人的宪法权利受到了警察的严重侵犯。❷ 欧文在上诉时指出,尽管有沃尔夫案的先例,第四修正案并不支持州警察不合理地搜查和扣押。将欧文案和沃尔夫案结合起来研究,发现其结果是令人吃惊的,美国联邦最高法院的裁决似乎表明,只有警察通过对被告的身体实施暴力行为的方式获得指控证据时,美国联邦最高法院才会依据宪法修正案中的正当程序条款,撤销州法院对被告人的定罪判决。也就是说,州警察在执法时可以全然不顾第四修正案的存在,而且他们的违宪侵权行为不会产生任何不利后果。❸ 根据沃尔夫案裁定,警察实施违法的搜查扣押行为,并不一定会影响对被告人的定罪。欧文案紧接其后、承继这一理论,"在警察没有对被告人实施身体暴行的情况下,即使他们的非法搜查扣押行为是刻意的、公然的、令人厌恶的和难以置信的,这也不会损害对于被告人的定罪判决"。❹

---

❶ State Police. Unconstitutionally Obtained Evidence and Section 242 of the Civil Rights Statute [J]. Stan. L. Rev., 1954, 76 (7): 94.

❷ Dennis D. Dorin. Marshaling Mapp: Justice Tom Clark's Role in Mapp v. Ohio's Extension of the Exclusionary Rule to State Searches and Seizures [J]. Case W. Res. L. Rev., 2001 (52): 411.

❸ Tracey Maclin. The Supreme Court and the Fourth Amendment's Exclusionary Rule [M]. Oxford University Press, 2013: 64.

❹ Kamisar, Yale. Wolf and Lustig Ten Years Later: Illegal State Evidence in State and Federal Courts [J]. Minn. L. Rev., 1083, 1959 (43): 1113.

四、否定"银盘理论"——埃尔金斯（Elkins）案

由于威克斯案所确立的排除规则只适用于美国联邦政府，并不适用于州政府，因此，美国联邦法院在联邦刑事诉讼中不必审查州警察搜查或扣押是否非法的问题。这就产生了"银盘理论"❶，即州政府官员非法获取的证据可以移交给联邦检察官，并在刑事诉讼中作为定罪证据使用。适用"银盘理论"有一定的限制条件，即联邦执法官员没有参与违法搜查扣押而且州警察不代表美国联邦政府实施取证行为。

"银盘理论"的基础是，州执法人员的违法搜查和扣押行为在美国联邦法院系统不被审查，因此联邦官员的参与是联邦刑事诉讼中检验州警察获取的证据的可采性的关键因素。在沃尔夫案之前，美国联邦法院在涉及非法证据排除问题的案件中只关心联邦执法人员是否参与搜查这一问题，如果他们参与了，下一步才会审理搜查的合法性问题，但如果联邦官员没有参与搜查，证据就是可以采纳的。然而，在沃尔夫案中，美国联邦

---

❶ 该规则在罗斯蒂格案中确立，参见路斯蒂格案（Lustig v. United States, 338 U. S. 74 1949）。

最高法院解释了第十四修正案的正当程序条款,认为州官员的非法搜查和扣押违反了美国联邦宪法。

根据沃尔夫案的裁决,国家搜查和扣押的合法性成为一项紧迫的调查,因为从那以后,非法搜查和扣押被认为违反了第十四修正案。当搜查和扣押的证据在联邦刑事诉讼中使用时,美国联邦法院就应当审查搜查和扣押行为的合法性,而不论联邦警察是否参与取证。州政府查获的证据不能像以前那样,通过"银盘"递交给联邦警察并躲过证据合法性的审查,由此,"银盘理论"似乎不再存在。

但事实并非如此。当沃尔夫案作出的裁决后,法官和执法官员似乎都认为,第四修正案可以约束州警察的非法取证行动。然而,包括罗钦案和欧文案在内的许多案件的事实表明,许多州系统的警察其实是无视第四修正案的原则的。1960年埃尔金斯案迫使美国联邦最高法院面对一个现实,即沃尔夫案并没有使第四修正案发挥作用。

直到1960年6月27日作出裁决的埃尔金斯案,美国联邦最高法院才明确宣布废除"银盘理论"。美国联邦最高法院在裁决中认为,允许联邦刑事法庭采纳州执法部门通过非法手段获得的证据,这种做法和理论违反了宪法第四条修正案。

埃尔金斯案涉及的主要争议是,州政府官员在没有联邦官员参与的情况下,以违法搜查和扣押的手段获得的证据,在联邦起诉中是否可以用来指控被搜查者。

俄勒冈州波特兰市的警察根据一份搜查淫秽物品的搜查令,在詹姆斯·巴特勒·埃尔金斯(James Butler Elkins)家中搜查,在搜查过程中他们意外地发现了录音带、录音机等窃听证据,由此怀疑埃尔金斯实施了非法窃听。埃尔金斯在俄勒冈州联邦

地区法院被起诉，罪名是蓄意窃听和泄露电话通信。❶

在审判中，控方的主要证据是俄勒冈州警察官员非法获得的窃听设备。被告人埃尔金斯向法庭提出了排除警方非法搜查的录音带、录音机等证据。在就该动议举行的听证会上，地区法官在没有作出裁决的情况下假定，这些证据来源于不合理的搜查而扣押，但法院依然驳回了被告人排除证据的申请，理由是"没有任何证据表明美国联邦官员知悉或参与了违法取证"。在审判中，这些证据被作为对被告人不利的证据采纳。❷

埃尔金斯被美国联邦法庭判处拦截和泄露电话通信罪名，他对此向上级法院提出上诉，理由是波特兰市警察搜查证据的方式违反了第四条修正案。美国联邦第九巡回上诉法院受理了他的上诉，但仍然维持原判。上诉法院同意地区法官的意见，认为对于州警察的搜查扣押的合法性问题，没有必要去审理和裁决，因为这里联邦官员没有参与这一取证程序。上诉法院认为，即使州警察实施的取证行为是非法的，被告排除证据的申请也得不到支持。❸

美国联邦最高法院对该案签发了调卷令，最终以5∶4的投票结果推翻了下级法院对被告人埃尔金斯的定罪并否定了"银盘理论"。大法官斯图尔特起草了多数派的意见，大法官法兰克福特（Frankfuerter）发表了反对意见，大法官克拉克、大法官哈兰（Harlan）和大法官惠特克（Whittaker）表示附和。

该案中一个亟待解决的问题是：在没有联邦执法人员参与的情况下，州警察不合理地搜查和查封了证据，被告在联邦刑

---

❶ 47 U. S. C. 501, 605; 18 U. S. C. 371.
❷ Elkins v. United States, 364 U. S. 206 (1960): 207.
❸ 266 F. 2d, 594.

事审判中对证据的可采性提出异议后,这些证据是否应当被排除?简而言之,美国联邦最高法院重新审查所谓的"银盘理论"的有效性。为了在逻辑上保持一致,摆在美国联邦最高法院面前的这个问题只有一个解决办法,那就是把排除联邦警察非法获取的证据的规定扩大到州警察非法取得的证据。

美国联邦最高法院的裁判意见认为,州警察搜查所得的证据,如果可以被联邦警察用作不利于被告人的证据,这会侵犯被告人受第四修正案保护的免于不合理的搜查和扣押的权利,所以如果被告人在联邦刑事审判中及时提出证据可采性的异议,即使联邦执法官没有参与州警察的搜查和扣押,非法证据排除规则仍然适用。

美国联邦最高法院规定,获取用于联邦刑事诉讼的证据的州警察必须遵守第四修正案为联邦警察制定的行为标准,而联邦警察的取证行为是否符合标准必须由联邦法院解决。

在确定州政府官员是否进行了不合理的搜查和扣押时,联邦法院必须进行独立的调查,不论州法院是否进行过这样的调查,也不论调查结果如何。在这里,评判的依据是联邦法律,而不是州法院的意见。

大法官斯图尔特指出,若干年来,非法证据排除规则一直是激烈争论的话题。在反对这项规定的言论中,大法官卡多佐(Cardozo)的一句话最具有代表性——"罪犯将被释放,因为警察犯了大错。"❶ 大法官斯图尔特承认,排除证明犯罪的具有相关性的证据,是一个危险的严重行动。但是,在大法官斯图尔特看来,这些反对意见无论措辞如何恰当,都难以回应排除规

---

❶ People v. Defore, Court of Appeals of New York 242 N.Y. 13; 150 N. E. 585.

则本身的基本假设。他指出，该规则的目的是预防，而不是修复，它的目的是消除那些无视宪法对基本权利的保障的动机，并以唯一有效的方式迫使人们尊重宪法。

埃尔金斯案裁判的一个重要依据是沃尔夫案。大法官斯图尔特指出，沃尔夫案否定了"银盘理论"的宪法基础。沃尔夫案确立了第四修正案对各州的可执行性，这就在逻辑上废除了"银盘理论"，同时认定，在联邦起诉中不得使用州警察从非法搜查中获得的证据。他说，显然在逻辑上不能把违反第四修正案所获得的证据与违反第十四修正案所获得的证据加以区别。在这两种情况下，宪法权利都受到了侵犯，而对权利受到侵犯的人而言，警察的身份并没有什么区别。斯图尔特解释道，联邦法院没有理由在如此武断的基础上对违宪扣押的证据加以区分。❶

美国联邦最高法院法院认识到，在埃尔金斯案之前，非法证据排除规则往往会阻碍联邦和州执法机构之间自由和公开的合作。联邦警察发现，与其冒着被宣布为"取证的参与者"、证据被排除在外的风险，不如退出与州机构的公开联盟。实际上，排除规则通过"银盘理论"，被一些联邦警察用作托词，以掩盖他们参与非法搜查和扣押的事实。一些联邦警察与州警察达成秘密协议，由州警察非法获取证据，之后再将这些证据用于联邦刑事诉讼。"银盘理论"含蓄地邀请联邦官员与州警察合作，在暗中鼓励各州官员无视宪法对公民自由的保护。另外，如果警察们认识到，州警察非法搜查的证据在联邦审判中会被排除，那么联邦和州在刑事调查中的合作就不可能有违反宪法的诱因。相反，取而代之的是，在宪法标准下公开而坦率的合作，这种

---

❶ Elkins v. United States, 364 U. S. 206 (1960): 215.

合作将使得联邦和州的执法机构更加努力地取得不沾染非法的污点的证据。

有些人认为，在保护第四修正案权利方面，美国联邦最高法院的某些决定使天平过于倾斜。对此，大法官斯图尔特的立场非常明确，他坚决反对在联邦刑事审判中承认州警察以侵犯宪法权利的方式获取的证据。他指出，这里一个关键的考量因素是司法公正的必要性。如果采纳非法搜查扣押的证据，法院就会不自觉地变成了违反宪法的帮凶。

美国联邦最高法院的裁决意见推翻了"银盘理论"，指出在联邦刑事审判中，被告及时提出证据可采性异议时，州执法官员在搜查中违反第四修正案获得的证据，如果被联邦警察使用，法庭应排除这类证据。如果联邦警察想要使用州执法部门搜查所获的证据，那么这一搜查过程需要经过第四条修正案的检验，如果搜查程序违反宪法，那么相关的证据就不能够在联邦法庭使用。

五、适用于各州——马普（Mapp）案

在沃尔夫案中，美国联邦最高法院建议各州法院排除警察非法获取的证据，但是，对于威克斯案中确立的非法证据排除规则，各州有权决定是否适用于本州法院。沃尔夫案"将适用非法证据排除规则的决定权保留在各州"的裁定在马普案中被推翻。美国联邦最高法院在马普案中裁定，在州法院针对州犯罪的诉讼中，警察违反第四修正案权利而获得的证据不具有可采性。

由此，马普案成为美国刑事诉讼史上最著名的搜查和扣押案件。从此，州和地方警察在搜查扣押行为中必须受到宪法第四修正案的限制，而法官、检察官和警察，不论是否情愿，都不得不接受它。马普案具有革命性和震撼性，非法证据排除规则的发展此时实现了飞跃性突破，并进入一个鼎盛时期。

1957年5月23日，有人向克利夫兰市警方举报，说被通缉的某住宅爆炸案嫌疑人藏在多瑞·马普（Dollree Mapp）家中。警方还被告知，马普家中藏有大量非法赌博用具。警察根据这些线索，来到马普家，敲门要求进入搜查。马普打电话咨询律师，得到的建议是，在警察取得搜查令前，不允许他们进入住

宅和搜查。警察对马普的住宅进行监视，并告知警察总局。❶

3个小时后，更多的警察来到现场，再次要求进入，而且他们仍然没有取得搜查令状。由于马普拒绝开门，警察就打碎了门上的玻璃，然后强行闯入。此时，马普的律师也赶来了，但是，警察不允许律师进入马普的家，也不允许他会见当事人。之后，马普再次要求警察出示搜查令状。一名警察向她出示了一张自称是搜查令的纸，马普抓起那张纸，把它放入怀中。警察接着去夺回那张纸，为此双方发生了厮斗。最后警察得胜，拿到了那张纸，马普也因争斗而受伤。警察给马普戴上手铐，原因是她在反抗的过程中表现出"十分挑衅"的态度。之后，警察对她的家，包括卧室、客厅、厨房、餐厅和地下室，进行了彻底搜查。经过辛苦的搜索，警察没有发现举报人所说的"爆炸案嫌疑人"和"赌博用具"，却意外地收获了其他犯罪证据，它们是四本书——《游吟诗人的即兴表演》《小宝贝》《伦敦舞台的即兴表演》和《旅馆男人的回忆》，还有一幅被警察认为是"淫秽至极"的手绘画。警察扣押了搜查到的淫秽物品，检察官以持有淫秽物品罪起诉了马普。在审判中，控方没有出示搜查令，也不能对此提出合理的解释说明。尽管如此，马普还是被判有罪并被判处监禁。❷

被告提起上诉，认为警察的搜查扣押行为侵犯了自己的宪法权利，初审法院采纳违法扣押的证据做出的有罪判决不合法。控方援引沃尔夫案的裁决结果，即"在州法院审判的犯罪中，根据宪法第十四修正案，采纳非法搜查扣押所得的证据并不为宪法所禁止"。控方争辩说，该案中的警察搜查时未获得搜查令

---

❶ Mapp v. Ohio, 367 U. S. 643 (1961): 644.

❷ Mapp v. Ohio, 367 U. S. 643 (1961): 645.

状,以及存在其他方面的不合理情况,这并不妨碍法院在审判中采纳警察扣押的证据。俄亥俄州最高法院维持了初审法院的判决。州最高法院认为,虽然相关的记录表明,警察是否取得搜查令,这是有疑问的,而且,定罪是依据警察在马普家中无证搜查扣押的证据做出的,但是俄亥俄州的法律允许法院采纳警察非法获取的证据。一方面,州最高法院不否定非法证据排除规则,认为当获取证据的方式违背基本正义的要求时,有罪判决就应当被撤销。另一方面,该法院不认为该案符合上述情况,理由是警察并没有对被告人的身体使用野蛮的攻击性的武力、强制性地从被告人的身上获取证据。❶

该案上诉至美国联邦最高法院,该案的争议在于,如果警察的搜查扣押行为侵犯了被告人的第四修正案权利,所得到的证据在各州的法院系统是否可以用于指控被告人犯罪?美国联邦最高法院以6∶3的投票结果对该案作出裁决,撤销原审法院的判决,将案件发回重审。大法官克拉克代表美国联邦最高法院撰写了该案的判决意见。

美国联邦最高法院认为,宪法第四修正案和第十四修正案确立了非法证据排除规则,既然如此,这一规则就应当适用于各个州的法院,否则宪法第四修正案、第十四修正案以及与之相对应的非法证据排除规则就会形同虚设。

最初,美国联邦最高法院将马普案定位为与宪法第一修正案有关的持有淫秽物品案。马普的辩护律师提出了两项申请:第一,关于宪法第四修正案,警察对被告人实施的搜查扣押行为过于暴力,震撼了常人的良知,与美国联邦最高法院在罗钦案中的裁决相违背;第二,该案涉及宪法第一修正案,初审法

---

❶ State v. Mapp, 166 N. E. 2d 387, 389 (Ohio 1960).

院判决以非法持有淫秽物品判决被告人有罪，违反了第一修正案。在会议讨论中，美国联邦最高法院法官们一致认为，俄亥俄州的法规仅仅因为被告人拥有淫秽物品就对其定罪，违反了第一修正案的言论自由条款。❶但是，后来他们改变了主意，认为应当将该案作为一个与警察搜查扣押行为相关的案件处理。

在裁判书中，大法官克拉克竭力论证，非法证据排除规则不仅仅是一个单一的、普通的证据规则，也不仅仅是法院对联邦刑事司法监督权力的行使，而且是基于宪法的要求。❷可以看到，大法官克拉克在马普案中的一系列有关非法证据排除规则的分析是混乱和不集中的，其原因是，他试图为该规则提出最全面的支持理由，包括宪法依据和实践经验方面，尽可能涵盖迄今为止被提及的所有理论。❸

马普案的裁决书首先提及了博伊德案，并将宪法第四修正案和第五修正案结合起来，以此作为非法证据排除规则对各州具有约束力的依据。大法官克拉克说，在保护公民住宅和个人私密免受政府权力的侵犯方面，第四修正案和第五修正案几乎交叉，它们确保公民自由原则得到维持方面确实有密切的联系。一个强迫的供述在法庭上不具有可采性，即使这一供述是真实的并且与犯罪有相关性。那么，类似地，对于那些非法搜查扣押得来的物品、文件等证据，它们与强迫手段获得的供述

---

❶ William Douglas. Conference Notes on Mapp v. Ohio（Mar. 31, 1961），Douglas Papers, Box 1254.

❷ Yale Kamisar. Does（Did）（Should）the Exclusionary Rule Rest on a "Principled Basis" Rather than an "Empirical Proposition"？［J］. Creighton L. Rev., 1983（16）：624.

❸ Larry Yackle. The Burger Court and the Fourth Amendment［J］. U. Kan. L. Rev., 1978（26）：418.

没有本质的区别,如果法院认为可以采纳这些方法得来的物证,这显然与前面的规则不一致。❶ 大法官克拉克引用美国联邦最高法院在博伊德案中的结论,政府对个人权利的侵害,其实质是对人身安全和自由以及个人财产这些不可被剥夺的权利的侵犯,第四修正案和第五修正案所反对的,是政府实施的任何强迫或者强制获取证言和文件资料并将其用于证明公民有罪的依据的行为;宪法保障公民的人身安全和财产安全,法院肩负着这一职责并应对这些宪法条文做出自由的解释,同时,法院要密切关注公民的宪法权利,防止政府权力对公民权利的暗中侵犯。❷

大法官克拉克援引和解读了威克斯案,该案第一次确认,宪法第四修正案禁止采纳非法搜查扣押的证据,对这种非法证据的使用涉及对被指控人宪法权利的否定。美国联邦最高法院宣称,第四修正案是法院和政府官员在行使权力和履行职责时受到的约束和限制,他们应保障人民的人身、住宅和财产不受不合理搜查和扣押的侵犯,法院作为被委托执行法律的主体,对于推动第四修正案的实施负有不可推卸的责任,这意味着,非法扣押和强迫供述的证据不应得到法院的支持。❸ 大法官克拉克通过西尔弗索恩案的判决指出,美国联邦最高法院要求政府官员严格遵守威克斯案所确认的规则,虽然该规则是法院阐述的,但是它明确、清晰,是对宪法的保障,不遵守它,第四修正案会变成一纸空文。❹ 进而,大法官克拉克借用奥姆斯特德(Olmstead)案的裁判,以更清楚和严谨的语言阐述了威克斯案

---

❶ Mapp v. Ohio, 367 U. S. 643 (1961): 647.
❷ Mapp v. Ohio, 367 U. S. 643 (1961): 656-657.
❸ Weeks v. United States, 232 U. S. 391 (1914).
❹ Silverthorne Lumber Co. v. United States, 251 U. S. 385 (1920).

的规则：威克斯案的结果和之后那些遵循它的判例，是一项具有深远意义和影响的宣言，尽管第四修正案并未直接表明限制证据在法庭上的使用，但若证据是由政府官员以违反宪法的方式取得的，第四修正案实质上禁止对该证据的采纳。❶

在该判决书的第二部分，大法官克拉克试图证明，自沃尔夫案做出判决以来，各州拒绝排他规则的趋势即使没有逆转，也已经减缓。在沃尔夫案中，美国联邦最高法院首次讨论了第四修正案和第十四修正案的关系，并指出，第四修正案通过第十四修正案的正当法律程序条款对各州产生法律效力。"我们毫不犹豫地说，如果某个州的法院对警察侵犯个人隐私的行为予以肯定，这种做法一定与第十四修正案的正当程序原则相违背。"❷ 该案的裁决又指出，威克斯案的规则不会作为公民权利的基本要素之一而被强制适用于各州。❸ 大法官克拉克认为，虽然几十年前，威克斯案就已经将非法证据排除规则作为第四修正案的重要部分，用以限制政府对个人隐私权的侵犯，但是在沃尔夫案中，美国联邦最高法院不认为排除规则是隐私权的基本要素，也不承认这一规则可以通过正当程序原则适用于各个州，其原因是基于事实分析的考虑。❹

大法官克拉克根据一些数据资料，意图推翻沃尔夫案关于权利救济手段和威吓效力的结论。沃尔夫案的判决书说，各州的经验表明，警察的非法搜查扣押行为实在太过轻微，没有必要对其进行威慑，各州反对威克斯案的规则的观点"给人们留

---

❶ Olmstead v. United States, 277 U. S. 438 (1928).
❷ Wolf v. Colorado, 338 U. S. 22 (1949): 28.
❸ Wolf v. Colorado, 338 U. S. 22 (1949): 27-29.
❹ Mapp v. Ohio, 367 U. S. 643 (1961): 651.

下深刻的印象"。❶ 但是，大法官克拉克发现，在沃尔夫案之前，将近2/3的州反对适用非法证据排除规则，而现在，这些反对该规则的州中，有超过半数的州，通过立法或者司法判例，全部或部分地采纳了这一规则。❷ 沃尔夫案反对将非法证据排除规则适用于各州的另外一个理由是，其他保护措施有效可行，可以为隐私权提供有力的保障。❸ 值得关注的是，加利福尼亚州最高法院在人民诉卡恩（People v. Cahan）案中的裁决，在该案中，加利福尼亚州最高法院认为，法院不能采纳警察非法获取的证据，因为其他救济手段完全不能保障宪法的实施。❹ 而加利福尼亚州的这一经验，也得到了其他州的印证。并且，美国联邦最高法院在1954年欧文案中也承认，除了排除非法证据，第四修正案的其他救济措施是显然无效的。❺

沃尔夫案曾援引笛福（Defore）案作为裁判依据，在该案中，大法官卡多佐拒绝在纽约州适用非法证据排除规则，其理由是，该规则适用起来，"要么太严格，要么太宽松"。❻ 大法官克拉克对这一推论提出质疑，指出其效力已经被美国联邦最高法院的裁决予以否定。例如，按照"银盘理论"，州法庭可以采纳州警察非法获取的证据，但是埃尔金斯案的裁决抛弃了这一理论。❼ 又如，以前法院对于提起排除非法证据的申请提出严格限制条件，现如今这些要求都已放宽，使得合法地处于非法搜

---

❶ Wolf v. Colorado, 338 U. S. 22 (1949): 29.
❷ Elkins v. United States, 364 U. S. 206 (1960): 217.
❸ Wolf v. Colorado, 338 U. S. 22 (1949): 30.
❹ People v. Cahan, 44 Cal. 2d (1955): 434.
❺ Irin v. California, 347 U. S. 128 (1954).
❻ People v. Defore, 1926, 242 N. Y. 13.
❼ Elkins v. United States, 364 U. S. 206 (1960): 217.

查现场的人，都有权提出排除证据的请求。❶

于是，大法官克拉克得出结论，沃尔夫案一方面承认第四修正案和第十四修正案在保护个人隐私权方面在各个州内部的效力，另一方面又认为各个州可以不采纳威克斯案的规则，原因是"某些事实考虑"。但实际上，经过分析，这些所谓的事实考虑是站不住脚的。❷

在判决书的第三部分，大法官克拉克力图论证，所有以违反宪法的搜查扣押方式获得的证据，在州法院都是不可采的。此时，他再次检验沃尔夫案对隐私权保护的限度，指出隐私权是一项基本人权，是作为反对政府违法行为的具体保障留给所有人的权利，而沃尔夫案允许法院采纳政府侵犯这项基本权利而获得的证据，这是目前仅有的对侵犯隐私权开绿灯的法院大门，而马普案将关闭这扇门。❸

之后，在判决书的第四部分，大法官克拉克用将近3页纸的篇幅证明非法排除规则是隐私权的重要组成部分。他坚决主张，如果第四修正案可以通过第十四修正案对各个州都适用，那么，非法证据排除规则也应当受到同等的待遇，既适用于美国联邦法院，也适用于各个州的法院。如果不是这样，第四修正案就会变得毫无价值，在人类追求自由的历史篇章中不值一提。第四修正案的内容包括排除以违反该宪法条文的方式获得的证据，既然各州都认可对隐私权的宪法保护，那么，将权利保护与制裁措施相互剥离的做法会产生极为恶劣的影响。若干判例表明，对公民隐私权的保护总是要依赖于非法证据排除规则这种制裁

---

❶ Jones v. United States, 362 U. S. 257 (1960).
❷ Mapp v. Ohio, 367 U. S. 643 (1961): 653.
❸ Mapp v. Ohio, 367 U. S. 643 (1961): 654.

手段。因此，将这种实质性的保护扩展到所有的违宪搜查，包括州系统内的和联邦系统范围中的，这是隐私权保护的重要方面，这样的排除规则理论，既合乎逻辑，也是十分必要的。如果做不到这一点，相当于国家既赋予了人民权利，又保留了侵犯人民权利的特权。❶ 大法官克拉克引用埃尔金斯案中的说法：排除规则通过消除警察无视宪法的动机而达到威慑违法的目的，这是迫使政府依法行使权力的唯一有效和可能的措施。❷ 在接下来的论证中，大法官克拉克说，隐私权的保护受到限制，与其他基本权利形成鲜明对比，因为没有任何其他宪法权利的实施受到如此的限制。既然美国联邦最高法院已经毫不迟疑地将各项宪法基本权利的保护推行到各州，那么就理应以同样的态度对待个人的隐私权。❸

在判决书的前几部分，大法官克拉克说中说明了非法证据排除规则是美国宪法第四修正案和第十四修正案的重要组成部分，是先前判例的逻辑结果。接着。在判决书的最后一部分，他进一步指出，排除规则本身也具有重要的价值。他写下了著名的语句："宪法和常识之间并不对立。""如果州的法律允许采纳非法取得的证据，就会鼓励违背联邦宪法的政府行为，而这是不正确的，因为各个州本应维护联邦宪法的权威地位。联邦检察官根据法律和判例，不会使用警察非法搜查扣押的证据，但是与之一街之隔的州检察官，却可以使用这类证据。威克斯案确定了重要的规则，禁止法院采纳警察违宪搜查扣押行为的证据。对联邦和州适用双重标准使得这一规则难以付诸实践。

---

❶ Mapp v. Ohio, 367 U. S. 643 (1961)：656.
❷ Elkins v. United States, 364 U. S. 206 (1960)：217.
❸ Mapp v. Ohio, 367 U. S. 643 (1961)：657.

在一个不适用非法证据排除规则的州,受到人性的驱使,联邦检察官会去拿街道另一边的州检察官手中的违宪搜查得来的证据,之后,如果州法院采纳这一证据,相当于州法院声明自己无视第四修正案的存在。如果违宪搜查得来的果实无论在联邦法院,还是在州法院都不具有可采性,这种规避法律的行为就会消失。只有联邦系统和州系统适用统一的标准,它们在维护宪法时才能互相尊重,而在一致的宪法要求之下,它们在追究犯罪方面的合作才能更进一步。"[1]

在回应卡多佐关于非法证据排除规则的警句"因为警察犯了错误,罪犯将逍遥法外"时,大法官克拉克反驳说,此时必须考虑司法廉洁性的要求。他没有详细解释为什么采纳非法搜查获得的证据会损害法官或者司法程序的廉洁性,只是简单地说,如果罪犯获释,逃脱了法律的惩治,这是法律让他获得自由。如若政府自己都不遵守法律甚至连自己赖以存在的宪法都要去违反,这是最快的摧毁一个政府的方式。并且,他不同意一种观点,即简单地假定采纳非法证据排除规则会阻碍法律的实施。[2] 大法官克拉克借用埃尔金斯案的实践考证来论证自己的观点,在埃尔金斯案中,美国联邦最高法院提到:联邦法院近半个世纪以来一直在遵守威克斯案的规则的环境下运作,没有证据显示联邦调查局因此变得形同虚设,联邦法院的刑事司法程序也没有因此而出现管理混乱的局面;而且,各州的经验也说明,尽管采纳非法证据排除规则的进程显得有些缓慢,但是这似乎是一个势不可挡的趋势。[3]

---

[1] Mapp v. Ohio, 367 U. S. 643 (1961): 658.
[2] Mapp v. Ohio, 367 U. S. 643 (1961): 660.
[3] Elkins v. United States, 364 U. S. 206 (1960): 217.

在结束语部分,大法官克拉克表明,既然承认第四修正案保障的隐私权适用于各个州,那么就不应让该权利变成一句空洞的许诺,不能允许警察以执法的名义,肆意侵犯公民的基本权利。由此,要基于推理和事实,赋予人民宪法所保障的权利,为警察的诚实执法给予相应的授权,还要保证法院在实际的司法中具有必要的廉洁性。❶

马普案的裁决结果是一项具有里程碑意义的声明,该案宣告,在州刑事诉讼中,如果控方提供的证据来源于不合理的搜查或扣押,即使该证据是真实可靠的,也不能被法庭采纳。

很少有美国联邦最高法院的判决像马普案的声明那样影响深远、那样有争议。大法官哈兰在他的异议中抱怨,多数派"只是伸出手来,就推翻了沃尔夫案的判决"。❷ 自马普案判决以来,有关马普案确立的排除规则的影响的辩论,在该案做出裁决后不久就开始了,而且久久都未能平息,许多学者在讨论刑事诉讼和第四修正案的关系时,都提到了马普案。❸ 马普案成为

---

❶ Mapp v. Ohio, 367 U. S. 643. (1961): 660.

❷ Mapp v. Ohio, 367 U. S. 643. (1961): 666.

❸ Christopher Slobogin. Why Liberals Should Chuck the Exclusionary Rule [J]. U. ILL. L. REV., 1999: 36; Jerry E. Norton. The Exclusionary Rule Reconsidered: Restoring the Status Quo Ante, WAKE FOREST L. REV., 2000 (33): 261, 263-270, 295-296; Harry M. Caldwell, Carol A. Chase. The Unruly Exclusionary Rule: Heeding Justice Blackmun's Call to Examine the Rule in Light of Changing Judicial Understanding About Its Effects Outside the Courtroom [J]. MARQ. L. REV., 1994 (78): 45-46; Donald Dripps. The Case for the Contingent Exclusionary Rule [J]. AM. CRIM. L. REv., 2001 (38): 2-3; Potter Stewart. The Road to Mapp v. Ohio and Beyond: The Origins, Development and Future of the Exclusionary Rule in Search-and-Seizure Cases [J]. COLUM. L. REV., 1983 (83): 1380.

非法证据排除规则争议的中心，许许多多的学者、律师和法官都在密切关注这一案件。大多数对马普案的批评都是针对沃伦法院（Warren Court）的司法能动主义、该规则对执法效率和公共安全可能造成的"成本"，以及排除规则对刑事司法系统的间接影响。[1] 斯蒂芬·萨尔茨伯格教授表示："马普案代表着美国联邦最高法院的一个分水岭，它对第四修正案在法院审判层面的影响，可能不亚于此前或之后的任何案件。"[2]

马普案引发了沃伦法院的刑事正当程序革命，这一改革试图通过将《权利法案》的程序保障适用于州刑事案件，从而在州刑事诉讼中创造更公平的竞争环境。[3] 马普案的裁决极大地改变了警方的调查活动和国家刑事起诉的方式，通过在州刑事诉讼中实施非法证据排除规则，警察侵犯第四修正案权利的行为受到限制。

在马普案审理期间，共有 25 个州在州刑事审判中采纳警察非法获取的证据，其中 4 个州只有部分的排除规则。美国联邦最高法院的裁决意味着，非法证据排除规则要适用于每年数千起的涉及警察非法搜查的案件。[4] 毫无疑问，马普案对警方调查人员和签署搜查令的法官将产生极大的影响。马普案的裁决将排

---

[1] Carolyn N. Long. Mapp v. Ohio: Guarding Against Unreasonable Searches And Seizures [M]. University Press of Kansas, 2006: 109.

[2] Stephen A. Saltzbug. The Fourth Amendment: Internal Revenue Code or Body of Principles? [J]. GEO. WASH. L. REV., 2006 (74): 956.

[3] Lewis R. Katz. Mapp After Forty Year: Its Impact on Race in America [J]. CASE. W. RES. L. REV., 2001 (52): 483.

[4] Payton v. New York, 445 U. S. 573 (1980).

除规则强加给了美国一半以上的州,从而确保非法获取的证据将被排除在州刑事审判之外。这一裁决极大地改变了警察的行为,并有助于确保每个美国公民反对不合理搜查和扣押的权利受到宪法的保护。❶

---

❶ Carolyn N.Long.Mapp v.Ohio: Guarding Against Unreasonable Searches And Seizures [M]. University Press of Kansas, 2006: 3.

第三章 寻求平衡：成本——收益分析

非法证据排除规则增加了社会成本，而这些成本应该与规则的威慑作用相平衡，这一观点最初是由伯格法院（Berger Court）在20世纪70年代提出的。[1] 之后，排除规则的范围有所缩小。在若干案件中，美国联邦最高法院指出，为了实现其威慑目的，没有必要更广泛地适用该规则。

从1984年利昂（Leon）案开始，美国联邦最高法院否定了非法证据排除规则是"第四修正案的必然推论"的观点，并认为"以维护第四修正案权利为辩护依据的证据排除问题产生了大量社会成本，这是一个值得关注的问题"。正如美国联邦最高法院在利昂案中所指出的那样，在适用排除规则保护第四修正案权利的判例中，一些例外情况已经逐渐出现。[2] 美国联邦最高法院在这些判决中声称，它一直不愿适用排除规则，因为它造成了无法接受的高昂的社会代价，该规则导致罪犯被释放，侵蚀了人们对司法系统的信心，对寻求真相和实现执法目标付出高昂的代价。

---

[1] Sharon L. Davies, Anna B. Scanlon. Katz in the Age of Hudson v. Michigan: Some Thoughts on "Suppression as a Last Resort" [J]. U. C. Dvis L. REV., 2008 (41): 1050.

[2] United States v. Leon, 468 U. S. 897 (1984): 907-908.

一、善意的例外——利昂（Leon）案

美国联邦最高法院在 1984 年利昂案❶中创建了著名的"善意例外"规则。警察合理地信赖地方法官签发的搜查令状，据此实施了搜查扣押行为并获得了犯罪证据，即使后来证明该令状因没有理由支持而存在宪法缺陷，警察以此令状为依据获取的证据仍然具有可采性，也就是说，在此种情况下，非法证据排除规则不适用。

1981 年 8 月，美国加利福尼亚州伯班克（Burbank）市的警察局收到一份无法证明可信性的线人的举报，告知警察阿曼多（Armando）和帕西（Patsy）在位于普莱斯大道 620 号的住所贩卖大量的可卡因和安眠酮。该线人称，他在大约 5 个月前亲眼看到了帕西在其住所出售安眠酮，并且持有一个装满了现金的鞋盒子。该线人断言，阿曼多和帕西通常仅在他们的住所存放少量的毒品，其他大量的毒品藏在伯班克市的其他地方。❷

根据这些线索，伯班克市的警察展开了一场大规模的侦查活动。警察首先搜查了两名被举报人位于普莱斯大道的住所和

---

❶ United States v. Leon 468 U. S. 897（1984）.

❷ United States v. Leon 468 U. S. 897（1984）：901.

他们的另两处住所，发现停放在普莱斯大道的车辆属于阿曼多和帕西，前者曾经因持有大麻被捕，后者没有犯罪前科。经过调查，警察发现一辆车曾来过此住所，这辆车后来被证实属于里卡多（Ricardo）所有。该车司机进入该住所后很快就出来，还携带了小纸袋，然后驱车离开。查阅相关记录后，警察发现另一名嫌疑人阿尔贝托·利昂（Alberto Leon），里卡多的雇主。利昂在1980年曾因交易毒品被捕，当时有人举报称，利昂频繁地从国外运输毒品入境。在利昂案的侦查活动开始之前，伯班克市的警察就知道，格伦代尔（Glendale）市的警察曾接到线人的举报说，利昂在其位于格伦代尔市的家中藏匿了大量的安眠酮。在利昂案的侦查过程中，伯班克市警察获知，利昂在伯班克市有一个位于南日落峡谷（South Sunset Canyon）716号的住所。❶

在随后展开的侦查活动中，警察对可疑人员进行监控，他们发现，几个曾经与毒品案有牵连的人去过嫌疑人的住所，看到嫌疑人住所的一些可疑活动，目击了发生在嫌疑人车内的一些可疑行为，以及其他若干可能涉嫌毒品犯罪的情况。根据这些监控所得的材料，伯班克市警察局的一名经验丰富、业务素质优良的毒品侦查官向州初审法院申请了搜查令，申请搜查的内容是普莱斯大道620号、位于南日落峡谷716号、利昂的汽车以及其他可能与毒品交易相关的物品。同时，地区助理检察官审查了这份搜查令申请。❷

之后，1981年9月，初审法院签发了一份搜查令，从形式上看，该搜查令没有任何问题，是合法有效的。在随后进行的

---

❶ United States v. Leon 468 U. S. 897（1984）：902.

❷ United States v. Leon 468 U. S. 897（1984）：903.

搜查活动中，警察在嫌疑人的三处住所发现了若干毒品，同时在其处所以及车辆中发现了一些其他相关证据。加利福尼亚州中心区法院的大陪审团以共同持有及贩卖可卡因及其他多项独立罪状，向加利福尼亚州中心区法院起诉了四名被告人——利昂、里卡多、阿曼多和帕西。❶

被起诉后，四名被告人均向法庭提出了排除非法证据的动议，申请法庭排除由搜查令而获取的一些证据，其中，被告人利昂要求排除被逮捕时在他身上搜查出的证据以及在他位于南日落峡谷716号的住所扣押的证据。就被告人提出的动议，地区法院举行了证据听证，认为该案符合排除规则的规定，但同时法院认为，并非被告人所有的申请都应得到支持，最终法院肯定了被告人一部分排除动议。法官认为，警察用以申请搜查令的宣誓书并没有对搜查行为提出足够的合理的理由支持，因而签发搜查令的依据不够充足，而对于被告人，他们没有资格对所有的搜查都提出异议，所以法院不能完全认可被告提出证据排除动议。

根据控方的请求、检察官的要求，法官查明，警察在实施搜查行为时，有足够的依据相信搜查令合法有效，因而他们的搜查是合理和善意的执法行为。控方据此提出，如果警察合理地、善意地信任搜查令的合法有效性并据此实施了搜查扣押，但事后证明该搜查令无效，此种情况下不应当适用以宪法第四修正案为根据的非法证据排除规则，所以该案中的控诉证据不应当被排除。对于这一意见，法官并未接受。❷

美国联邦第九巡回上诉法院对控方采纳证据的动议进行审

---

❶ United States v. Leon 468 U. S. 897（1984）: 903-904.
❷ United States v. Leon 468 U. S. 897（1984）: 904-905.

理，最终做出了维持地区法院裁决的决定。上诉法院认为，警察在申请搜查令时所提供的宣誓书内容不能为搜查行为确立合理的依据，线人提供的线索缺乏事实根据，线人的可靠性没有得到证明，而且警察的侦查活动也不能弥补这些缺陷。因此，上诉法院认定，地区法院不予采纳警察搜查所得的证据的裁决是正确的。同时，对于控方要求将警察的"善意"作为非法证据排除规则的例外的申请，上诉法院没有支持。❶

之后，检察官向美国联邦最高法院申请了调卷令。在申请中，控方明确表示，不要求美国联邦最高法院审查下级法院就搜查令状是否具有合理依据的裁决，仅仅申请一个关于非法证据排除规则的例外情况的问题：如果警察合理地、善意地相信搜查令合法有效，据此进行搜查并获得了犯罪证据，但是事后证明搜查令有瑕疵，在此情况下，是否应当承认证据的可采性？是否应当适度修改第四修正案的非法证据排除规则？❷

该案争议的焦点是，是否应当对第四修正案的排除规则予以适度修正？是否要设置一种"善意"例外情形？美国联邦最高法院最终以6：3的投票结果支持了控方的申请，推翻了美国联邦第九巡回上诉法院的判决。美国联邦最高法院裁决认为，从第四修正案的立法目的和上下文可知，在不影响非法证据排除规则作用的前提下，对该规则予以适当修改是被允许的。

大法官怀特（White）代表多数派发表了判决意见。在判决书中，他重点论证了为何要为非法证据排除规则建立一个"善意例外"原则。

第一，第四修正案并无明文规定，非法取得的证据必须排

---

❶ United States v. Leon 468 U. S. 897 (1984): 905.
❷ United States v. Leon 468 U. S. 897 (1984): 906.

除，排除证据不是违反第四修正案的必然结果。非法证据排除规则是司法创设的一种救济手段，目的是通过威慑警察违法取证，保障第四修正案的实施，该规则无法也无意于弥补被告人的损失。审视第四修正案的立法缘由和目的，采纳非法获得的证据，并不构成对第四修正案的违反。❶ 也就是说，第四修正案与非法证据排除规则之间没有直接的、必然的联系。

第二，创设非法证据排除规则的目的在于威慑警察的非法取证行为，但是，如果因为签发司法令状的地方法官的错误而惩戒警察，就无法起到吓阻违法的作用。有一种观点认为，如果警察依据的令状没有合理依据或者存在技术瑕疵，之后在法庭上搜查扣押的证据被排除，这样就可以鼓励警察在日后的工作中审慎地提出搜查令状的申请、认真地审查令状的合理性以及可能的司法错误，这就有助于实现第四修正案的目的。大法官怀特对这种观点提出质疑，认为其毫无根据。是否排除根据令状搜查扣押的证据，应在具体个案中视情况而定，只有排除证据有助于实现非法证据排除规则的目的时，才可以适用这一规则。他指出，如果警察合理地相信司法令状的有效性，善意地认为自己的行为没有违反第四修正案，之后因为搜查令无效而排除警察获得的证据，这种做法起不到威吓的作用，所以不应当使用非法证据排除规则去阻吓警察客观上合理的行为。排除规则产生威吓作用的前提是，警察故意或者存在重大疏忽大意地侵犯了被告人的权利，相对应的，当警察的行为完全是善意的、客观上是合理的，威慑原理就失去了依据，排除证据的做法并不能实现该规则的目的。如果警察善意地信任搜查令状并在此范围内执法，就不存在警察的违法行为，也就缺乏威慑

---

❶ United States v. Leon 468 U. S. 897 (1984): 907.

的对象。大法官怀特进一步指出,我们不能要求警察去审查、质疑和评述法官的令状是否有足够的理由支持、是否存在瑕疵,因为根据第四修正案签发令状是法官而不是警察的职责。❶

第三,收益—成本比较理论表明,非法证据排除规则有修正的必要,警察合理善意地相信司法令状的有效性后搜查扣押的证据,其可采性应为法院所承认。大法官怀特说,实施非法证据排除规则以维护第四修正案,会付出一定的社会代价,为保障司法的廉洁性而毫无限制地适用排除规则,使得有罪之人逍遥法外,这是令人难以接受的。当执法者在客观上是善意的,或者他们的违法行为十分轻微,此时法院不予采纳定罪证据而使得被告人获得巨大的利益,这就违反了刑事司法程序的基本理念。对排除规则不加区别、没有限制地适用,其实是对法律和刑事司法的不尊重。大法官怀特认为,收益—成本比较分析的理论为修正非法证据排除规则提供了强有力的支持。警察合理、善意地信赖中立、超然的法官发出的搜查令状,依此实施搜查扣押并获取了真实可靠的物证,排除这一证据,所产生的极其微小甚至根本不存在的利益,远不能弥补因排除证据所付出的巨大代价。比较分析排除证据的损失和采纳证据的收益之后,得出的结论一定是,这种证据可以被法庭采纳为定罪证据。❷

对于该案,大法官怀特最后总结,将前述若干原则和理由适用于案件的基本事实后,很明显,上诉法院的判决是站不住脚的。判断是否适用排除规则,需要结合该案件的实际情况,依据排除规则的目的做出裁决。在该案中,警察向地区法院提

---

❶ United States v. Leon 468 U. S. 897 (1984): 919-921.
❷ United States v. Leon 468 U. S. 897 (1984): 913-914.

交的令状申请不是粗略和空洞的，而是内容全面的，包括全部的调查结果和证据，警察在申请令状时不存在不诚实或重大过失的情况，地区法官在签发令状时也没有违背超然、中立的角色，警察在信任法官的令状时是善意的、客观的和合理的。因此，适用非法证据排除规则的处分对于该案的警察来说过于严厉，是不恰当的。❶

这样，利昂案确立了非法证据排除规则的"善意例外"原则。根据该案的裁定，当警方合理地依赖于表面上有效的搜查令获得证据时，即使搜查令后来被证明是违宪的，这些证据在法庭上仍然具有可采性。对于何为"合理性"，大法官怀特的意见是，这是一个客观标准，而不是指向警察个人的主观善意。并且，这一标准针对的是训练有素的警察，要求他们对法律的禁止性规定有合理的认知。

当然，大法官怀特的意见并不是废除证据排除规则。他强调，在一些情况下，一个理智的、受过良好训练的警察不会善意地信赖法官签发的搜查令状的有效性，此时，排除非法证据仍然是一种恰当的权利救济方式。在利昂案的判决书中，美国联邦最高法院列举了善意例外规则的例外情形。❷

第一，警察向地方法官提供的用于证明搜查必要性的宣誓书中的信息是虚假的，警察自己知道这种情况，或者由于重大过失本应知道却忽略了这一错误，之后法官根据警方虚假的错误的证词签发了搜查令并获取了犯罪证据，这种情况不属于善意例外，非法证据排除规则仍然适用，也就是说，犯罪证据不具有可采性。在这种情况下，即使签发令状的法官对警察的错

---

❶ United States v. Leon 468 U. S. 897 (1984): 926.

❷ United States v. Leon 468 U. S. 897 (1984): 923-924.

误毫不知情，也不影响利昂案善意例外规则的适用。

　　第二，签发令状的法官完全违背了司法的中立性，理智的、训练有素的警察不会依据这种令状执法，此种情况下，不适用非法证据排除规则的善意例外原则。利昂案的判决书以罗计（Lo-Ji）公司案为例说明这一问题。如果地方法官只是警察的"橡皮图章"，在签发令状时根本没有审查警察提供的宣誓书就草草行事，放弃了自己作为中立的裁判者的角色，把自己置于执法警察队列之中，使得理性的警察足以得出结论，该法官没有积极地履行司法审查职责，那么，由此令状实施搜查扣押并获取的证据就应当适用排除规则。

　　第三，法官签发令状所依据的宣誓书明显地缺乏合理依据，搜查令状显然是无效的，任何一个合格的、负责的警察都能发现这种错误，据此实施的搜查就是不合理的搜查，所获的证据应当排除。例如，警察提供的宣誓书空洞无物，没有任何证据支持，没有关于搜查的具体线索和理由，此时地方法官关于搜查存在合理依据的判断就是不恰当的、不达标的，警察不能依据这种令状执法，否则就会受到排除规则的制裁。

　　第四，法官签发的搜查令在形式上有重大缺陷，任何理性的执法警察都无法相信这种令状的合理性和有效性，此时，警察不能依靠这种令状表明自己的"善意"。也就是说，警察对于表面上看就存在明显瑕疵的搜查令，如未明确指出搜查地点和搜查扣押物品，虽明知或应知其无效却以此为据实施搜查，这种情况将不适用"善意例外"规则。

　　利昂案是美国非法证据排除规则发展史上的一个关键性的判例，从此之后，越来越多的例外出现在该规则之中。毫不奇怪，利昂案和它所创造的排除规则的善意例外，会招致来自各

方面的批评并引起多方的争论。❶

第一个引起争议的问题是，排除规则的适用范围是否与第四修正案有关。大法官怀特的主张是，排除规则是司法机关创设的、旨在通过威慑警察违法以保护公民第四修正案权利的一种救济手段，它不是一项宪法权利；第四修正案没有明确要求，以违反第四修正案的方式取得的证据应当被法庭排除。❷

在一年前的盖茨（Gates）案中，大法官怀特说，在确定排除规则的范围时，不能脱离第四修正案。❸ 而在利昂案中，他的观点又变成了："就排除规则能否在个案中援用这一问题，它独立于另一个问题，那就是寻求排除规则救济的个人的第四修正案权利是否受到警察不当行为的侵犯。"❹ 但是，他没有解释两个案例中发表不一致意见的原因。他只是说，在对成本和收益进行权衡之后，修改非法证据排除规则有合理依据，应当允许法庭采纳"善意"的警察违法搜查扣押的证据。❺

大法官布伦南在利昂案的判决书中表达了反对意见，他认为，这是对第四修正案的狭隘的理解，会使第四修正案权利的实现无法得到保障，这一重要的宪法权利将会沦为"一句空

---

❶ Craig M. Bradley. The "Good Faith Exception" Cases: Reasonable Exercises in Futility [J]. Ind. L. J., 1985（60）: 287; William C. Heffernan. On Justifying Fourth Amendment Exclusion [J]. Wis. L. Rev., 1989: 1193; George C. Thomas, Barry S. Pollack. Balancing the Fourth Amendment Scales: The Bad-Faith "Exception" to Exclusionary Rule Limitations [J]. Hastings L. J., 1993（45）: 21.

❷ United States v. Leon 468 U. S. 897（1984）: 906.

❸ Illinois v. Gates, 462 U. S. 249（1983）.

❹ United States v. Leon 468 U. S. 897（1984）: 906.

❺ United States v. Leon 468 U. S. 897（1984）: 909.

话"。威克斯案确立的规则表明，第四修正案要求排除非法证据。❶

利昂案引起的第二个争议问题是，法院是否是非法证据排除规则制裁的对象。显然，该案的结论是，法院不受证据排除规则的约束。理由是，排除规则威吓的对象是警察而不是法院，而且，没有证据可以证明，地方法官在签发搜查令状时忽视或者违反第四修正案的行为，已经严重到需要适用排除规则对其进行制裁的地步。更为重要的是，排除根据无效令状搜查扣押的证据，并不能够对签发令状的法官产生足够的威吓作用。法官不属于警察的执法体系，与刑事诉讼的结果之间无利害关系，因而，用排除证据的方式制裁法官，不能有效地提醒他们不再犯错。利昂案关于法官错误的结论是，当法官犯宪法错误时，非法证据排除规则不适用。❷

对此，大法官布伦南在判决书的反对意见中说，将非法证据排除规则的威吓效力仅限制在警察一方，这是错误的，排除规则是对包括立法、司法、政府在内的全体部门滥用权力的约束和惩戒。他指出，许多重要的宪法条文都是以概括性的语言表述出来的，而赋予这些一般性概念具体含义、促使宪法条文得到有效实施的重任要留给司法裁判活动，因此，为确保宪法权利得到应有的尊重，司法系统责任重大。大法官布伦南援引威克斯案论证自己的观点，在该案中，美国联邦最高法院指出，如果第四修正案想要具有实质性意义，就不能割裂警察和法院之间的关系。警察搜查扣押的目的是找到控诉证据，而此类证据的使用最终发生在法院环节，法院对于是否采纳证据有最终

---

❶ United States v. Leon 468 U. S. 897（1984）：930-938.
❷ United States v. Leon 468 U. S. 897（1984）：916-918.

决定权，因而可以间接地监控警察取得证据的方式，警察收集证据的手段与法院采纳证据的规则直接相关，公民第四修正案的权利会因为其中任何一方的懈怠而化为灰烬。❶

利昂案将法官置于排除规则的制裁范围之外，认为法官的宪法错误不受排除规则的管辖，这标志着美国联邦最高法院第一次宣布，预防法官违法不是排除规则的目的。❷ 利昂案在此方面的推理是令人不解的。第四修正案的历史表明，制宪者的目的是禁止无合理依据的搜查扣押。第四修正案明确规定："除非依据合理根据，以宣誓或代誓宣言保证，并载明特定的搜查地点和扣押的人或物，不得发出搜查和扣押令状。"但是，利昂案的结论表明，依据违宪的令状搜查扣押的证据可以被法庭采纳为对宪法权利受到侵害的被告人定罪的证据。另外，在实践的层面，利昂案把一个有效的机制删除了，这个机制可以审查地方法官做出的涉及第四修正案权利的决定，能够为执法人员和法官提供一般性的统一的指引。在利昂案之后，判断是否排除证据，可以简单地归结为仅仅审查警察是否善意地信赖法官的令状，而对于签发令状的法官没有提出任何要求。❸ 具有讽刺意味的是，法官任意地签发无正当理由的搜查令是导致美国革命的因素之一，是宪法的制定者们强烈谴责的邪恶现象。而根据利昂案，检验法官在签发令状时有没有正当理由，实际上只有

---

❶ United States v. Leon 468 U. S. 897（1984）：932-938.

❷ Wasserstrom Silas, William J. Mertens. The Exclusionary Rule on the Scaff old: But Was It a Fair Trial? [J]. Am. Crim. L. Rev., 1984（22）：106.

❸ Tracey Maclin. The Supreme Court and the Fourth Amendment's Exclusionary Rule [M]. Oxford University Press, 2013：254.

一个标准，那就是法官个人的良知。❶

第三个问题是，按照利昂案的裁决，第四修正案权利受到侵犯的那些受害者，无法得到有效的救济。非法证据排除规则的反对者认为，救济第四修正案权利的有效方式，应当是受害人提起损害赔偿的民事诉讼，而不是排除具有相关性定罪证据，使得刑事诉讼中有罪的被告人获得意外的收获。对于这一解决方案，我们可以设想，如果利昂和他的同案被告就如何在美国联邦民事法庭起诉非法搜查他们房屋和财产的警察咨询了一位负责的有能力的律师，他们将被告知以下情况：在刑事诉讼排除证据审查程序中关于警察在搜查时对令状认知的客观合理性的检验，同时也是在民事诉讼中对警察是否因侵犯公民权利而承担法律责任的检验，二者没有区别。这样，为了胜诉，利昂必须使法官相信，警察在申请令状时明明知道，自己的宣誓书没有合理的理由支持并且本不应该申请这一搜查令状。但现在的问题是，在刑事诉讼程序中，法官已经认定，警察合理地依赖搜查证执法，利昂在民事诉讼中无法胜诉。简言之，虽然利昂的宪法权利受到了侵犯，但是没有法院能够弥补他的损失。❷法院认定，警察依据有缺陷的搜查证实施搜查扣押行为，侵犯了被告人的宪法权利，但是这种侵权行为发生后，什么后果也没有，这可能是利昂案最令人担忧的一个方面。❸

利昂案引起反对意见的另一个重要原因在于大法官怀特的成本—收益理论。该案的论证逻辑是，适用非法证据排除规则

---

❶ Alschuler, Albert W. "Close Enough For Government Work": The Exclusionary Rule After Leon [J]. Sup. Ct. Rev., 1984: 322.

❷ Tracey Maclin. The Supreme Court and the Fourth Amendment's Exclusionary Rule [M]. Oxford University Press, 2013: 254.

❸ Donald Dripps. Living with Leon [J]. Yale L. J., 1986 (95): 934.

有相当大的社会成本,而客观、善意的警察在搜查中违法情节十分轻微,在此类案件中,如果排除具有相关性的定罪证据,会使整个社会付出高昂的代价。排除证据会妨碍陪审团和法官发现事实真相,更为糟糕的是,有罪之人被释放或者获得了与所犯罪行不相当的较轻微的刑罚。这样,警察只是犯下了轻微的错误,被告人却因此收获了巨大利益,这种结构会动摇刑事诉讼的基本理念。❶

大法官布伦南在反对意见中说,利昂案的裁决构建了一个奇怪的世界,在这里,排除非法证据的成本突然变得十分巨大,而由此带来的收益,似乎是看不到的。大法官布伦南引用最新研究的研究结果来具体化排除规则产生的社会成本,以撤诉和无罪判决的案件为计算标准,排除证据的成本是很低的。数据显示,美国联邦和州的检察官因为担心证据可能被排除而放弃追诉的情形非常罕见。利昂案的裁决无视上述实践情况,关于成本和收益的论证逻辑存在巨大错误。一方面,在考虑成本时,不加区别和归类,计算和考虑了所有类型的适用非法证据排除规则的案件,而不是将范围限定在涉及善意例外的案件;另一方面,在分析收益时,又仅仅考量那些警察具有客观善意的案件。适用这种错误的、不平衡、不公正的衡量标准,自然无法得到正确的结论。❷

关于利昂案,不论存在多大的争议,无可置疑的是,它是美国联邦最高法院做出涉及非法证据排除规则极为重要和关键的判例。该案对非法证据排除规则的解读和分析也是史无前例的,它从根本上改变了美国联邦最高法院此后处理涉及违反第

---

❶ United States v. Leon 468 U. S. 897(1984):912-913.
❷ United States v. Leon 468 U. S. 897(1984):951-952.

四修正案的案件的方式。虽然在利昂案中，善意例外规则涉及的仅是有缺陷的司法令状，但是在之后的判例中，这种例外扩展到了其他类型的非法搜查。大法官怀特在利昂案中的推理和逻辑，足以涵盖警方其他方面的合理错误。由此，适用善意例外原则的后果是，几乎所有的警察搜查扣押时所犯的违反第四修正案的合理错误，都可以被允许、被谅解并且不需要承担不利后果。这样，非法证据排除规则的适用就要被严格限制在警察故意和过分不当侵犯宪法权利的案件中。

二、必然发现的例外——
　　威廉姆斯（Williams）案

　　早在20世纪60年代，下级法院就利用"必然发现例外"来避免法庭排除非法搜查和扣押中获得的证据。[1] 为了符合这一例外，仅仅证明警察能够或应该寻求合法的其他方法来取得证据是不够的，检察官必须使法官相信，即使没有发生违反宪法的执法行为，证据也可以通过合法的途径取得。换句话说，如果控方能够证明非法搜查或扣押不是证据发现的必要原因，排除规则就不适用。支持者认为，必然发现的例外规则通过阻止排除非法行为所获得的证据，最大限度地减少有罪的被告获得不应得的利益的机会。[2]

　　美国联邦最高法院大法官沃伦伯格对非法证据排除规则一直不甚欢迎。他的观点集中于两个方面：第一，攻击或挑战该规则本身的有效性；第二，寻求可能的替代或补充方法。通过威廉姆斯案，美国联邦最高法院为非法证据排除规则创造了一

---

[1] Robert M. Pitler. "The Fruit of the Poisonous Tree" Revisited and Shepardized [J]. Calif. L. Rev., 1968 (56): 579.
[2] Robert F. Maguire. How to Unpoison the Fruit, The Fourth Amendment and the Exclusionary Rule [J]. J. Crim. L. Criminology & Police Sci., 1964 (55): 313, 317.

个明显的例外规则，该规则成为伯格时代限制非法证据排除规则适用的典型判例。

1968年平安夜，10岁的帕梅拉·鲍尔斯（Pamela Powers）和家人在爱荷华州得梅因市的基督教青年会的一栋大楼里，观看哥哥的摔跤比赛。鲍尔斯在去洗手间时，突然失踪。警方开始调查案件，很快就锁定了嫌疑人——罗伯特·威廉姆斯（Robert Williams），他是基督教青年会的黑人居民，曾经患有精神病。有人看见威廉姆斯在鲍尔斯失踪后不久，拿着衣服和一个用毯子裹着的大包裹离开基督教青年会的大厅。一名帮威廉姆斯把包裹放进车里的少年后来告诉警方，他在包裹里看到两条腿，又瘦又白。❶

很快，警方开始了大规模的搜救活动。根据发现的一系列线索，搜救人员逐一检查所有可能隐匿尸体的地方。在此期间，威廉姆斯向警察自首，并在达文波特市警察局被传讯。得梅因市警察局通知威廉姆斯的律师，威廉姆斯将会被带到得梅因市进行审讯。之后，威廉姆斯的律师与该案的首席侦探克莱特斯·莱明（Cletus leming）达成协议，威廉姆斯在返回得梅因的途中不会被警察讯问。尽管有约在先，在押解途中，莱明还是与威廉姆斯谈及案情，并试图打探证据。莱明发表了一段关于"圣诞葬礼"的"演说"，大致意思是，小女孩在圣诞前夜遇难，她的父母希望为她举办一个基督教葬礼，但是，马上要下大雪，如果不抓紧时间寻找，暴风雪后很可能就无法找到尸体，这将是十分悲哀的事情。莱明这一煽动性言论促使威廉姆斯说出了隐藏尸体的地点。在威廉姆斯答应告知警察尸体地点的时候，

---

❶ Brewer v. Williams, 430 U. S. 387 (1977): 389.

开展搜救工作的警察距离埋藏尸体的地点只有2000米左右的路程。❶

在爱荷华州法院，威廉姆斯被指控犯有一级谋杀罪。在法庭上，威廉姆斯的辩护律师提出排除非法证据的动议，请求法庭排除小女孩的尸体以及与此有关的证据。辩方提出排除证据动议的根据是"毒树之果"原则，警察在没有律师在场的情况下从威廉姆斯处获得陈述，侵犯了被告人的律师帮助权，该陈述属于非法证据，而尸体是这一非法陈述证据产生的"毒果"，应当作为非法证据被排除于法庭之外。法院驳回了辩方排除证据的申请，威廉姆斯被判决犯有一级谋杀罪。❷ 之后，爱荷华州最高法院维持了这一判决。❸

威廉姆斯向联邦地区法院提出人身保护令申请，声称莱明的行为违反了美国宪法第五修正案和第六修正案。联邦地区法院批准了这项申请，认为初审法院采纳受到质疑的尸体等证据是错误的。❹ 在其后的程序中，联邦上诉法院认可了这项裁决。❺

对于此案，美国联邦最高法院于1975年签发调卷令。美国联邦最高法院最初认为，没有理由将威廉姆斯案视为非法证据排除规则的案件。该案的宪法问题集中在威廉姆斯根据米兰达规则和美国宪法第六修正案享有的律师帮助权权利是否受到侵犯。当大法官们投票是否进行复审时，大法官斯图尔特指出，此案不涉及非法证据排除规则。但是，大法官伯格持反对意见，

---

❶ Brewer v. Williams, 431 U. S. 387 (1977): 390.
❷ Brewer v. Williams, 432 U. S. 387 (1977): 391.
❸ State v. Williams, 182 N. W. 2d 396 (1970).
❹ Williams v. Brewer, 375 F. Supp. 170 (1974).
❺ Williams v. Brewer, 509 F. 2d 227 (1974).

认为应当将其作为一个排除规则案件来处理。❶

最终，大法官们以 5 票赞成、4 票反对的微弱优势作出裁决，维持了上诉法院关于威廉姆斯的人身保护状的上诉判决。大法官斯图尔特撰写了判决意见。

美国联邦最高法院的判决认为，警察的行为违反了美国宪法第六修正案，因为探长莱明在威廉姆斯有权获得律师帮助却无律师在场的时候，有意地从威廉姆斯那里获取信息。这样，威廉姆斯在被押送途中所做的有罪陈述以及描述威廉姆斯指引警方找到尸体的证词，都不能作为反对被告人的证据在法庭上使用。虽然判决书的正文没有明确提及非法证据排除规则，但是，在文末的脚注里，大法官斯图尔特暗示，在案件重审时，有关尸体埋藏地点和尸体状况的证据有可能会被排除，理由是，即使威廉姆斯没有告诉警察尸体的地点，警察最终也能够找到尸体。❷

对于上述判决，大法官伯格发表了反对意见。虽然在斯图尔特撰写的判决意见中并没有提到非法证据排除规则，大法官伯格的异议却剑指排除规则。他抱怨说，法庭不予采纳威廉姆斯的陈述作为证据，这种做法是不理性的，因为在寻求真相的过程中排除可靠证据，需要以维护宪法和产生社会效用为前提，但是，就该案而言，没有理由排除证据。其他持不同意见的法官一样，大法官伯格认为，莱明的行为并没有违反宪法的规定，而且，即使假设宪法权利受到了侵犯，也找不到任何依据来形容莱明的行为是"恶劣"的。大法官伯格指出，多数派认为应

---

❶ Lewis Powell. Conference Notes on Brewer v. Williams (Dec. 12, 1975) [J]. Powell Papers, Box 36.

❷ Brewer v. Williams, 430 U. S. 387, (1977): 406.

当排除证据，其理由无非是基于法院的总体印象，这样做可能会对警方未来的行为产生有利影响，但事实上，他们甚至都没有为自己的判决提出有力的依据。❶

在论证自己的反对意见时，大法官伯格引用了斯通诉鲍威尔（Stone v. Powell）❷案，认为该案与威廉姆斯案十分相似。在两个案件中，受到质疑的证据是完全可靠的，申请排除证据的宪法依据与被告的有罪或无罪无关，如果支持人身保护令申请并排除证据对警察的不当行为将产生极小的威慑作用。大法官伯格认为，法院排除证据时应该考虑到收益和成本的因素，在强制排除证据时，至少对于那些警察行为远非骇人听闻或过分恶劣的案件，应该慎行。❸

在缩小和限制非法证据排除规则方面，大法官伯格通过布鲁尔诉威廉姆斯（Brewer v. Williams）案，取得了阶段性的胜利。严格说来，大法官斯图尔特撰写的判决意见中并没有说，被害人的尸体不具有可采性。美国联邦最高法院的判决声明，所有与威廉姆斯在从达文波特到得梅因的旅途中所做的陈述有关或由此产生的证据都必须予以排除，不能作为证据使用。然而，判决书最后部分的一个脚注值得关注，它的内容等于是鼓励爱荷华州法院在重审威廉姆斯案时，承认尸体作为控诉证据的可采性。这其中的理论依据是，即使没有威廉姆斯关于尸体位置的陈述，警察也还是会找到它。

但是，大法官伯格对于脚注关于尸体证据可采性的陈述并不买账。他坚持说，这一脚注清楚地表明，法庭决心不让那些

---

❶ Brewer v. Williams, 430 U. S. 387 (1977)：421, 422, 426.
❷ Stone v. Powell, 428 U. S. 465 (1976).
❸ Brewer v. Williams, 430 U. S. 387 (1977)：427.

发誓要查明真相的陪审员知道真相。他认为，这个脚注提出了一个不太可能的理论，该理论使得在这个案件中伸张正义的前景极其渺茫。看来，大法官伯格错误地判断了他的同事，并高估了自己的能力。❶ 七年后，在尼克斯诉威廉姆斯（Nix v.Williams）案的判决书中，大法官伯格写到，尸体作为反对被告人威廉姆斯的证据，具有可采性，而这一结论的依据就是大法官斯图尔特在布鲁尔诉威廉姆斯案的脚注里所提出的理论。❷

1977年，爱荷华州州法院对威廉姆斯进行了第二次审判。在这次审判中，控方既没有将威廉姆斯在押解途中所做的陈述作为证据使用，也没有提及他帮助警方找到尸体的事实。依据必然发现例外原则的理论，布鲁尔诉威廉姆斯案中美国联邦最高法院判决书脚注中也提及了这一原则，控方的以下证据被法院采纳：尸体被发现时的状况，被害人的衣服以及衣服的照片，尸体解剖测试的结果。控方陈述说，在被害人失踪后，爱荷华州刑事调查局在200多名志愿者的协助下展开了大规模的搜寻。从发现被害人的衣服的地方开始，搜救人员查找了所有可能找到被害人尸体的地点：道路、被遗弃的农场、建筑物、沟渠和管道。在搜救过程中，威廉姆斯突然答应告诉警方尸体的位置，于是，警察暂停了搜查活动。当时，搜寻人员距离尸体所在的地方——公路旁沟渠中的一个管道旁——只有2.5英里远。❸

威廉姆斯争辩说，他在被非法审讯后，指引警方找到了被害人的尸体，因此，有关尸体状况的证据以及尸检证据都是非法审讯的结果，应该被排除在法庭之外。初审法院的结论是，

---

❶ Tracey Maclin. The Supreme Court and the Fourth Amendment's Exclusionary Rule [M]. Oxford University Press, 2013：177.

❷ Nix v. Williams（Williams II），467 U. S. 431（1984）.

❸ Nix v. Williams（Williams II），467 U. S. 431（1984）：435-436.

控方以优势证据的标准证明，证据无论如何都会被控方发现。如果搜救活动没有被中止，即使被告人不指引警方去寻找尸体，尸体也会在很短的时间内被发现，而且，当时的气温很低，尸体的腐烂过程基本停止，如果警察在没有被告人的线索的情况下找到尸体，尸体的状况也会与实际被发现时一样。州法院认定，受到质疑的被告人陈述等证据具备可采性，判决被告人威廉姆斯犯有一级谋杀罪，判处终身监禁。❶

在接下来的上诉程序中，爱荷华州最高法院维持了下级法院对威廉姆斯的有罪判决。州最高法院指出，非法证据排除规则存在一项"假设的独立来源"例外，在被告人证明控方违法取证之后，控方应就以下事项承担"优势证据"的证明责任：第一，警方取证并非出于恶意；第二，即使不存在非法取证行为，警方完全可以借助合法手段获得证据。州最高法院认为，就第一项要求而言，在该案中，"恐怕不能说警察的取证行为是出于恶意"；对于第二项要求，控方已经以优势证据证明，即使没有被告人的帮助，警方也能很快在尸体发生实质性改变之前找到它。❷

在爱荷华州最高法院作出判决之后，被告人向位于爱荷华州的联邦地区法院提起了人身保护令申请。他的请愿书陈述说，关于被害人尸体状况的证据来源于违反美国宪法第六修正案的证据，对此，在布鲁尔诉威廉姆斯案中，美国联邦最高法院已经予以确认，因此，这一证据应当被排除。但是，威廉姆斯的人身保护令申请被联邦地区法院拒绝。地区法院认可州法院系统的结论，认为即使没有威廉姆斯的陈述，警方也必然会找到

---

❶ Nix v. Williams (Williams II), 467 U. S. 431 (1984): 437-438.
❷ Williams v. Nix, 285 N. W. 2d 248 (1979).

尸体，并且尸体的状况与实际发现的尸体基本一样。❶

但是，当案件上诉至美国联邦第八巡回区上诉法院时，峰回路转，联邦地区法院拒绝对被告人提供人身保护令的决定被撤销。上诉法院假设，对于非法证据排除规则，不可避免的发现这一例外规则是有效的。但同时，该例外的适用是有条件的，即控方应证明警察取证时没有恶意，并且不借助违宪的手法也可以获得证据。上诉法院的判决指出，控方没能有力证明，警方的行为并非出于恶意，因此，必然发现的例外原则在该案中无法适用，下级法院的决定被撤销。❷

继美国联邦第八巡回上诉法院的判决作出后，根据控方的申请，美国联邦最高法院决定重审此案，签发了调卷令。这样，威廉姆斯的案件又回到了美国联邦最高法院，只不过这次换了一个案名——尼克斯诉威廉姆斯案。在美国联邦最高法院，该案的争点集中在，警察侵犯了嫌疑人的律师帮助权并获得了陈述证据，以此为线索找到了被害人尸体和其他相关证据，此时是否可以适用非法证据排除规则的"必然发现原则"例外——如果警察没有违法取证，也可以通过合法手段得到证据——来确认证据的可采性？

控方认为，非法证据排除规则存在一个"必然发现"例外规则，这已经为多数法院所承认，而根据该案的具体情况，这个例外规则是可以适用于此并由此确认争议证据的可采性。被告人威廉姆斯则主张，被害人尸体位置及状况的证据属于非法讯问的"毒树之果"，应当被排除于法庭之外。辩方认为，因为证据最终必然会被发现就承认非法证据的可采性，这是违反美

---

❶ Williams v. Nix, 528 F. Supp. 664 (S. D. Iowa 1981).

❷ Williams v. Nix, 700 F. 2d 1164, 1169-1170 (8th Cir. 1983).

国宪法第六修正案的。同时,即使必然发现原则是成立的,适用此原则也要满足一个条件,即控方须证明警察非法取证时没有恶意。❶

最终,美国联邦最高法院支持了申请人的主张,以7∶2的大优势做出判决,第八巡回上诉法院的判决被撤销。大法官伯格代表美国联邦最高法院撰写了判决意见。

美国联邦最高法院的判决指出,"毒树之果"原则自确立以来,其适用范围从违反第四修正案的案件逐渐扩大至涉及美国宪法第五修正案和第六修正案的案件。将非法证据排除规则的适用扩张至非法取证行为的"毒果",这种做法的核心理论支撑在于,虽然排除非法证据会付出巨大的社会成本,但是为了遏制警察违法、保护公民宪法权利,这种代价是必要的。根据这一理论,控方在实施违法行为后,不应当获得比没有违法取证更为有利的法律地位。❷

接着,大法官伯格论证说,与此相对应,控方也不应当处于相较于没有违法的情况更为不利的地位。这样做,可以实现遏制警察违法和维护社会公共利益的平衡。独立来源原则正是基于这一理念所建立并得到普遍认可,而必然发现原则与之具有相似的功能和理论基础。排除警察最终、必然能够发现的证据,会使控方处于与违法行为没有发生的情况相比较更为劣势的地位。由此,大法官伯格指出,将必然发现原则作为"毒树之果"规则的例外,有坚实的理论依据。❸

对于适用必然发现原则的条件,是否要求控方证明警察违

---

❶ Nix v. Williams (Williams II), 467 U. S. 431 (1984):440-441.
❷ Nix v. Williams (Williams II), 467 U. S. 431 (1984):441-443.
❸ Nix v. Williams (Williams II), 467 U. S. 431 (1984):443-444.

法取证并未处于恶意，美国联邦最高法院的判决对此持否定意见。大法官伯格认为，如果要求控方证明警察的主观状况，就会导致那些必然会被发现的、具有相关性的、真实的证据被法庭排除，从而使控方处于比没有违法行为发生更为不利的境地，而且还会使得社会为此承担不必要的成本，这对于警察来说，是一种形式化的、毫无意义的和过于严厉的惩罚。❶

在对案件事实进行分析之后，大法官伯格指出，显而易见的情况是，如果威廉姆斯没有带领警察找到尸体，警察和志愿者组成的搜救团队将会持续寻找尸体，由于他们已经十分接近尸体藏匿的位置，所以可以预见，他们必然会很快发现尸体。由此，美国联邦最高法院判决，将案件发回重审。❷

这样，通过尼克斯诉威廉姆斯案，美国联邦最高法院确认了"毒树之果"规则的一项例外原则——必然发现原则。根据这一原则，如果借助合法手段警察最终必然地能够发现某项证据，那么，即使收集证据的手段侵犯了被告人的宪法权利，此时也不需要排除证据。同时，对于"必然发现"的证据的可采性，控方无须承担证明警察取证时主观非恶意的证明责任。

在1977年布鲁尔诉威廉姆斯案中，尽管有四名大法官的强烈反对，美国联邦最高法院还是推翻了对被告人的定罪判决。这次，非法证据排除规则没有能够帮助威廉姆斯赢得新一轮的诉讼，对他的定罪被确认，之后，他被送往监狱。更为重要的是，虽然在布鲁尔诉威廉姆斯案中，大法官伯格没能说服他的同事们限缩非法证据排除规则的适用，但通过之后的尼克斯诉威廉姆斯案，他成功地建构了非法证据排除规则的一个重要的

---

❶ Nix v. Williams（Williams II），467 U. S. 431（1984）：445.

❷ Nix v. Williams（Williams II），467 U. S. 431（1984）：450.

例外原则。

关于排除规则是否应存在不可避免的发现例外的问题，美国联邦最高法院在以前的案件中从未审理过，但是，毫无悬念的是，法院肯定会支持这一例外。很多判例都显示，大多数法官希望找到新的途径来限制非法证据排除规则的适用范围。威廉姆斯赢得诉讼突破口的途径是，警方违法取证时的主观状况是否可以作为适用必然避免发现例外原则的要件。也就是说，在决定是否适用必然发现原则时，是否应当将控方证明警察非恶意取证作为前提。显然，按照大法官伯格的观点，警察的恶意与善意，与必然发现原则无关。该原则的前提是，警察的不当行为和证据的发现之间缺乏必要的因果关系，警察无恶意不是不可避免发现原则的逻辑组成部分。由此，不可避免的发现例外适用的要件是，非法取证没有真正导致争议证据的发现。

尼克斯案的判决书并没有专注于案件事实以及与之相关的美国宪法第六修正案问题，而是集中笔墨论证适用违反第四修正案以及第五、第六修正案的必然发现例外原则。这表明大法官伯格为排除规则创造一个实质性例外的决心。

大法官伯格将必然发现原则与独立来源原则并列讨论。❶ 根据独立来源原则，如果控方能够证明，以违法方式取得的、引起可采性争议的证据，原本通过与违法取证行为完全独立的合法手段也可以获得，此时不适用非法证据排除规则，证据可以被采纳。适用排除规则的前提是，被质疑的证据必须与非法取证有"若非"（but-for）的因果关系。独立来源原则允许法庭采纳那些警察可以通过独立于非法行为的合法手段发现的证据。从理论上讲，独立来源规则和不可避免发现例外是相似的。这

---

❶ Nix v. Williams（Williams II）, 467 U. S. 431（1984）：443-444.

两个原则的前提都是,违反宪法的警察行为和被质疑证据的发现之间没有因果关系,所以尽管警察行为不当,证据仍然是可以采纳的。

在尼克斯案的判决书中,大法官伯格分析了独立来源原则的理论支撑,之所以允许法庭采纳以违宪手段获得的证据,原因是控方不应当因为警察之前的违法行为而处于比没有违法行为更为不利的法律地位。他同时指出,该案不适用这一规则。但是,他进一步分析指出,独立来源原则与必然发现法则有异曲同工之妙,因为排除最终必然会被发现的证据与排除有独立来源的证据一样,会使控方处于更为不利的法律地位。[1]

批评的观点认为,大法官伯格对必然发现原则和独立来源原则之间的重大区别视而不见。大法官布伦南和大法官马歇尔(Marshall)在发表反对意见时,对大法官伯格在判决书中认定的证明标准提出了不同意见。他们承认,必然发现原则作为非法证据排除规则的例外,这是符合宪法要求的。但同时他们认为,这两个原则的证明责任和证明标准是有巨大差异的,这是一个关键的、不容忽视问题。[2]

按照独立来源原则的要求,当证据实际上是通过合法途径,而不是违反宪法的警察行为获得时,有争议的证据具有可采性。控方证明有争议的证据政府具有一个独立于非法搜查的来源,这并不困难。控方只需要确定证据的来源,并证明证据来自非法搜查或扣押之外的来源。

就必然发现原则而言,从表面上来看,这一规则不要求控方证明证据的发现是"不可避免"的。根据尼克斯案的判决书,

---

[1] Nix v. Williams (Williams II), 467 U. S. 431 (1984): 459-460.
[2] Nix v. Williams (Williams II), 467 U. S. 431 (1984): 444.

美国联邦最高法院的意见是，控方需要证明，借助合法手段，也会必然或最终发现证据。控方的证明标准是"优势证据"的标准，这是美国法律中最低的证明标准。换句话说，按照大法官伯格在尼克斯案中宣称的标准，可采性受到质疑的证据不一定是最终或不可避免会被发现的，而只是可能会被发现的。❶

大法官布伦南和大法官马歇尔在尼克斯案的反对意见中表示，与独立来源原则的适用不同，在必然发现原则中，控方应当承担更高的证明标准。他们论证说，尽管独立来源原则与必然发现原则有若干共同之处，但是必然发现原则有一个区别于独立来源原则的重要方面，即在必然发现原则中，证据的独立来源是假定的，而不是实际存在的。因此，为确保假定的情况在事实上是存在的，降低错误裁判的风险，并更全面地保护非法证据排除规则所维护的基本宪法权利，需要为控方设定更高的证明标准。他们主张，控方关于证据的必然发现承担证明责任，其证明标准应当是"清晰且令人信服"的程度。❷

还有一个存在巨大争议的问题是，在警察不诚信的案例中，是否可以适用必然发现原则来避免法庭否定证据的可采性。大法官伯格的主张是，根据逻辑、经验和常识，没有必要要求控方证明警察是善意的。他指出，一方面，如果警察有机会通过非法手段获取证据，在绝大多数情况下，他们都不会盘算这些证据是否最终必然会被发现，而有效威慑警察违法取证的前提是，警察已经明确知悉违法行为的后果。另一方面，如果警察已经意识到某一证据必然能够被找到，他们就会尽力避免违法

---

❶ Albert W. Alschuler. The Exclusionary Rule and Causation: Hudson v. Michigan and Its Ancestors [J]. Lowa L. Rev., 2008 (93): 1805.

❷ Nix v. Williams (Williams II), 467 U. S. 431 (1984): 459-460.

取证。由此，大法官伯格的结论是，在上述情况下，排除证据带来的社会成本已经远远超过威慑效果可能带来的收益。[1] 对此，不同的观点认为，在适用排除规则的例外情形时，要求警察取证时主观诚信，这符合非法证据排除规则的理论基础，即鼓励警察合法行为。大法官伯格的判断既没有实证经验的支撑，也不能够自圆其说。[2]

一些批评的观点认为，大法官伯格完全没有关注到一个问题，那就是必然发现原则与非法证据排除规则之间的紧张冲突。事实上，一旦适用必然发现的例外，非法证据排除规则就变得毫无意义。[3] 根据这一例外原则，警察可以实施非法搜查扣押行为并由此获得证据，然后主张，证据最终必然可以通过合法手段获得，之后，非法证据的可采性就可以得到确认。

通过尼克斯案，大法官伯格成功地"修建"了非法证据排除规则。有观点指出，尼克斯案"释放出了一种能够杀死第四修正案非法证据排除规则的病毒"。[4] 在下级法院，出现了大量适用必然发现原则的案例，警察非法搜查汽车、非法搜身以及实施其他违反第四修正案的行为之后，检察官板着脸辩称，有争议的证据本可以通过其他合法手段找到。[5] 例如，在 1999 年

---

[1] Nix v. Williams (Williams II), 467 U. S. 431 (1984): 445-446.

[2] Tracey Maclin. The Supreme Court and the Fourth Amendment's Exclusionary Rule [M]. Oxford University Press, 2013: 286.

[3] Robert M. Pitler. "The Fruit of the Poisonous Tree" Revisited and Shepardized [J]. Calif. L. Rev., 1968 (56): 579.

[4] Alschuler, Albert W. The Exclusionary Rule and Causation: Hudson v. Michigan and Its Ancestors [J]. Lowa L. Rev., 2008 (93): 1808.

[5] Wayne R. LaFave. Search and seizure: a treatise on the Fourth Amendment [M]. 5th ed. West Pub. Co., 2015: 278.

人民诉史蒂文斯（People v. Stevens）案中，警察在凌晨0：30闯入被告家中，没有遵守宪法要求的"敲门并宣告"规则，并扣押了证据。密歇根州最高法院依据必然发现原则采纳了非法扣押的证据，法院解释说，排除这些证据是没有根据的，因为警方有合法的逮捕令，而且如果警方没有违宪搜查扣押，证据也会最终被发现。❶ 大家都没有预料到，必然发现变成了一种虚拟的"包治百病"的装置，用来接受违反第四修正案获得的证据。尼克斯案之后，当警察违反第四修正案获得证据时，检察官通常辩称，如果警察没有做错，他们也会以正确的途径找到证据，而法院通常会依据不可避免的发现例外原则认可非法证据的可采性。❷

---

❶ People v. Stevens, 597 N. W. 2d 53 (Mich. 1999).
❷ Robert M. Pitler. "The Fruit of the Poisonous Tree" Revisited and Shepardized [J]. Calif. L. Rev., 1968 (56)：579.

三、独立来源的例外——穆雷（Murray）案

穆雷案[1]是美国联邦最高法院确立"独立来源"例外原则的标志性判例之一。通过该案，美国联邦最高法院认定，非法证据排除规则的"独立来源"例外规则适用于以下情形：警察最初发现证据的方式是非法的，但是，如果后来警察通过独立于最初非法发现证据的行为的其他方式，合法地获得了证据，那么这个证据就是合法的、具备可采性的证据。

根据可靠线人的举报，警察长期监视穆雷和他的几个同伙。1983年4月的一个下午，警察跟踪穆雷和他的同伙卡特（Carter）驾驶的车辆，发现这两辆车驶入了位于南波士顿的一个仓库。之后，穆雷和卡特将车辆交给其他人驾驶，警察跟踪并逮捕了驾驶车辆的人，扣押了车辆并在车内发现了大麻。根据这些线索和证据，警察强行闯入穆雷和卡特的车辆曾经进入的仓库，在里面发现了许多装有大麻的袋子。警察并没有扣押这些麻袋，他们离开了仓库，但是对仓库实施了监控。接着，警察向地方法官申请搜查令状，申请时提供的宣誓书仅仅包括警察合法掌握的信息，没有提及之前的非法进入仓库的行动以

---

[1] Murray v. United States, 487 U. S. 533 (1982).

及在此期间的所见所闻。当晚 10 点多，警察取得了搜查令状，随即再次进入仓库，扣押了装有大麻的袋子和记录买卖大麻情况的笔记本。❶

在初审的庭前阶段，被告人穆雷和卡特向法庭提出排除警察在仓库中发现的大麻和笔记本等证据，理由是，执法人员在申请搜查令状时没有向地方法官如实和全面地告知信息，地方法官在颁发搜查令状时对于警察曾经非法入侵仓库的行为完全不知情，所以搜查令状受到先前的非法进入私人处所的行为的污染，由此搜查令状获得的证据来源于非法取证行为，因而是不可采的。辩方的申请被初审法院驳回。之后，在上诉阶段，该申请再次被提出，但是依然没有得到法院的支持。❷

被告人向美国联邦最高法院申请调卷令。美国联邦最高法院审理该案时，面临的主要问题是，警察在获得搜查令状之前非法进入他人处所时看到了证据但是没有扣押该证据，后来依据独立于前述行动的其他依据而获得搜查令并扣押了证据，该证据是否具备可采性？美国联邦最高法院认为，是否排除在最初的非法入侵行动中就被发现而后又依据有效搜查令扣押的证据，取决于搜查令状的取得是否有独立于之前的非法行为的合理依据。也就是说，第四修正案并不要求排除经由非法取证行为发现的、依据有独立来源的搜查令取得的证据。鉴于此，美国联邦最高法院撤销了原审裁判、将案件发回上诉法院并指示其将该案发回地区法院以重新审查"独立来源"的问题，即警察依据令状进行的搜查，是否具有与之前的非法入侵不相关的独立的来源。大法官斯卡利亚（Scalia）代表持多数派观点的其

---

❶ Murray v. United States, 487 U. S. 533（1982）：535.
❷ Murray v. United States, 487 U. S. 533（1982）：536.

他四名法官发表了判决意见。❶

在该案中,最根本的问题是,警察根据令状进行的搜查和扣押,是否构成一个"独立来源",这就涉及"独立来源"法则的具体范围的界定。辩方的观点是,非法证据排除规则的"独立来源"例外原则适用于间接地从非法执法过程中知晓、后来从一个独立于先前行为的途径获得的证据,但是对于在非法搜查中被发现的证据即所谓的"原始证据",不属于"独立来源"法则的范畴。美国联邦最高法院认为,这种对"独立来源"的狭义解读,在先前的判例中找不到适当的理由支持,而且与非法证据排除规则的立法政策不符。

"独立来源"法则最初和最经典的界定来自西尔弗索恩案中大法官霍姆斯的论述:禁止非法取证意味着,非法获取的证据根本就不能在法庭上使用;但与此同时,如果证据是从一个独立的来源获得的,同样可以像其他证据一样用于证明事实。❷ 在1984年尼克斯案中,美国联邦最高法院就是在这一意义上适用"独立来源"法则。❸ 虽然该案主要涉及的是"必然发现"法则,但事实上,"独立来源"法则是"必然发现"原则的前提,即适用"必然发现"原则必须要承认"独立来源"法则适用于已经被污染的但又经由独立来源的被发现的证据。❹

就司法政策而言,狭义地解释"独立来源",与排除规则的政策考量不相一致。在穆雷案中,大麻存储于仓库内的信息既是警察在先前的违法侵入活动中知悉的情况,也是侦查人员根据合法令状搜查仓库时发现的证据,如果后者不是前者的结果,

---

❶ Murray v. United States, 487 U. S. 533 (1982): 537.
❷ Silverthorne Lumber Co. v. United States, 251 U. S. 385 (1920): 183.
❸ Nix v. Williams (Williams II), 467 U. S. 431 (1984).
❹ Murray v. United States, 487 U. S. 533 (1982): 540, 541.

排除大麻证据、不适用"独立来源"法则,是没有道理的。因为在这种情况下适用非法证据排除规则,将不能够使警察处于一种比违法行为发生之前更为不利的、糟糕的境地,这不是排除规则建立的初衷。❶ "独立来源"法则的政策考量是,一方面,非法证据应当被排除,因为控方不能从非法的取证行为中获得不当利益;另一方面,警察违法之后,控方也不应当处于比违法行为发生之前更为不利的境地。那么,只要依据令状进行的搜查扣押是合法的,并且独立于先前发生的违法取证,就可以适用"独立来源"法则。❷

就该案的具体情况而言,法院需要审理查明的关键性问题是,警察依据令状搜查仓库并扣押大麻的行为,相对于之前的违法入侵仓库,是否是一个真正的"独立来源"。重要的问题是,先前发生的非法搜查行为,是否对取得令状产生了实质性的影响。如果警察即使没有进入仓库并发现装有大麻的麻袋,也会申请令状并搜查仓库,那么扣押的证据就具有"独立来源";相反,如果警察的初次搜查构成后来申请搜查令状的主要原因,或者警察在向法官申请令状时提交了初次进入仓库时获得的信息并且该信息对法官产生了影响,那么,后来的令状搜查和扣押就不构成"独立来源"。❸

初审法院认为,执法人员没有告知颁发令状的法官非法进入仓库的行为以及入侵后获知的信息。上诉法院进一步解释说,警察的非法入侵行为对后来的令状签发和合法搜查中证据的发现,都没有产生关键性的影响。美国联邦最高法院认为,警察

---

❶ Nix v. Williams (Williams II), 467 U. S. 431 (1984):443.
❷ Murray v. United States, 487 U. S. 533 (1982):540, 541.
❸ Murray v. United States, 487 U. S. 533 (1982):542.

后来的令状搜查独立于先前违法行为的判断，有极大的可能性是正确的，但是，初审法院的裁判结论对"独立来源"的推论不够明确。鉴于此，美国联邦最高法院决定将案件发回上诉法院，指示上诉法院将案件发回初审法院重新审查，重审的主要问题是，就警察在仓库内发现的大麻这一证据而言，令状搜查是否构成"独立来源"。❶

关于该案的判决，另一个重要的争议在于，确立这种"独立来源"法则，是否会鼓励警察实施违法搜查，造成非法证据排除规则的吓阻作用无法实现。有观点指出，该案的判决会指引警察实施所谓的"印证性搜查"（confirmatory search），即"先搜查、后申请令状"。❷ 也就是说，警察首先不经授权违法进入他人处所，检验一下他们想要扣押的证据是否存在。如果答案是否定的，就不必申请搜查令状，免去了这个程序，节约了时间、精力。如果情况相反，在处所内看到了有用的证据，警察再去申请令状并实施搜查，也为时不晚，并且，只要合法获得令状，在申请时不提及之前的违法入侵，之后搜查扣押的证据就可以使用。❸

对于这种观点，大法官斯卡利亚持不同意见。如果警察有足够的依据和信心获得合法的搜查令状，他们就不会非法入侵私宅。原因很简单，非法进入住宅的背后有巨大的风险，即他们所见到的证据将被法庭排除。如果实施了"印证性搜查"，在之后的阶段，警察必须向初审法官证明，申请令状的宣誓书中的信息与非法入侵无关，警察之所以申请搜查令状不是受到之

---

❶ Murray v. United States, 487 U. S. 533（1982）：543.

❷ ［美］约书亚·德雷斯勒. 美国刑事诉讼法精解：第1卷·刑事侦查（第4版）[M]. 魏晓娜，译. 北京：北京大学出版社，2009：413.

❸ Murray v. United States, 487 U. S. 533,（1982）：540.

前的非法入侵行为的影响,并且地方法官批准令状也与警察非法入侵后获知的信息无关。说服初审法官相信上述一系列事实,控方承担的证明责任的难度极大,大大地重于警察说服地方法官搜查存在合理依据而签发搜查令。警察不会愚蠢到选择一种既冒险、又给自己增加证明负担的方式去取证,所以,通常情况下,"先搜查、后申请令状"的思路是不可行的。

穆雷案的巨大影响在于,它阐释并扩大了"独立来源"原则的范围,承认非法搜查中发现的证据的可采性,但这其中有一个条件,就是控方要证明非法入侵既不影响警察做出申请搜查令的决定,也不影响地方法官批准搜查令的决定。在判决书中,大法官斯卡利亚解释说,虽然警察在非法搜查期间发现了大麻,但他们在根据搜查令进行合法搜查时也发现了这些证据,如果后来扣押的证据不是先前非法进入的结果,就没有理由不适用独立来源原则。❶

适用"独立来源"的关键和最终问题是,受到质疑的证据是否来自真正独立的来源。大法官斯卡利亚说,如果非法搜查中所看到的情况促使警察申请搜查令,或者在非法搜查中所获得的信息被提交给了地方法官并影响到了搜查令授予的决定,则"独立来源"原则是不可用的。❷ 事实上,这并不会对执法人员造成很大障碍,因为执行非法搜查的人员,比如穆雷案中的警察们,在申请搜查令时,完全可以决定提交哪些信息用以证明申请的原因和必要性等问题。

在判决书中,大法官斯卡利亚引用了尼克斯案的判决,并提及了"必然发现"原则。他指出,必然发现法则实际上与从

---

❶ Murray v. United States, 487 U. S. 533, (1982): 540, 541.
❷ Murray v. United States, 487 U. S. 533, (1982): 540, 542.

独立来源原则关系密切，前者来源于后者。独立来源原则认为，被先前违法行为污染的证据，如果后来经由一个独立的渠道被发现，该证据是可以被采纳的。那么，由此推论可知，如果这样的证据不可避免地会被发现，也应当被采纳。[1] 虽然穆雷案主要讨论的是独立来源原则的范围，但是大法官斯卡利亚在论证为何采纳大麻证据时，他的观点和逻辑中明显包含"必然发现"原则。[2] 于是，穆雷案实际上增强了控方的力量，允许他们在非法搜查中获取的证据的可采性问题上，既可以根据独立来源原则，也可以依据必然发现原则，来找到支持自己观点的依据。[3]

---

[1] Murray v. United States, 487 U. S. 533 (1982): 540.

[2] Bloom, Robert M. Inevitable Discovery: An Exception Beyond the Fruits [J]. Am. J. Crim. L., 1992 (20): 92-93.

[3] Tracey Maclin. The Supreme Court and the Fourth Amendment's Exclusionary Rule [M]. Oxford University Press, 2013: 300.

第四章　新格局：在纠结中衰退

美国联邦最高法院逐渐开始改变对排除非法证据的看法。最初，排除规则被认为是一种行之有效的、必不可少的保护人民不受政府侵害的手段。现在，美国联邦最高法院认为，这项规则不仅是有效执法的障碍，而且是对公民安全的威胁。美国联邦最高法院的注意力集中在一个问题上，即适用排除规则可能使罪犯获得自由，同时却忽视了执法人员侵犯公民宪法权利这一事实。

在最近的四个判例中，哈德孙（Hudson）案、赫林（Herring）案、戴维斯（Davis）案和犹他（Utah）案，美国联邦最高法院都表示，希望严格限制第四修正案的排除规则。大多数法官认为，排除规则的适用范围应限制在警察有意、知情或鲁莽地违反第四修正案的情况下，而不是在他们仅仅犯有简单的、单独的过失或在证据发现过程中过失被削弱的情况下。他们依据利昂案的裁判进一步指出，在警察表现得十分理性的情况下，不应该排除证据。

哈德孙案—赫林案—戴维斯案—犹他案四部曲为第四修正案的排除规则呈现了一个全新的、未经检验的学说图景。法院、律师和学者都在评估和深思，审判实践中到底发生了什么变化。宪法权利和补救措施已经脱钩，明确违反第四修正案的警察取证行为很可能不会导致证据被排除在外。排除规则曾经是对违宪行为的自动补救措施，现在却需要对其进行更深入的分析。

一、"敲门并宣告"规则之违反
——哈德孙（Hudson）案

搜查和扣押的合理性问题并不只涉及搜查或扣押是否存在合理理由，还包括实施搜查或扣押的方式即搜查"如何进行"。对于有合理理由的搜查和扣押，如果警察使用过多或不必要的武力，也会被法院裁决为违宪行为。❶"敲门并宣告"就是这样一个规则，它规定持有逮捕令的警察在他人家中逮捕一个人时，应如何执行逮捕。

在哈德孙案❷之前，违反"敲门并宣告"规则获得的证据将被排除在审判程序之外。❸哈德孙案的判决似乎与几十年来的判例相矛盾，过去的判例认为违反宪法规定获得的证据在审判中是不可以被采纳的，而现在的判例则表明，违反"敲门并宣告"规则而获得的证据可以被法庭采纳。"敲门并宣告规则"被认为是"根据第四修正案进行的合理调查的一部分"，它对警察如何以及以何种方式在嫌疑人的家中进行搜查或扣押施加了限制。在哈德孙案做出裁决之前，不遵守"敲门并宣告"规则的搜查

---

❶ Tennessee v. Garner, 471 U.S. 1 (1985): 8.

❷ Hudson v. Michigan, 547 U.S. 586 (2006).

❸ Wilson v. Arkansas, 514 U.S. 927 (1995); Miller v. United States, 357 U.S. 301 (1958).

或扣押构成不合理的搜查扣押，因此是违反宪法的行为。而对不合理搜查和扣押的补救办法历来都是，将证据排除在法庭审判之外。

但是，哈德孙案并没有创建新法律。在认定违反"敲门并宣告"规则获得的证据是可采纳的同时，哈德孙案并没有驳回关于非法证据排除规则的先例。相反，哈德孙案采用了同先前判例一样的原则来确定证据的可采性，但是由于社会的变化，它得出了与之前的涉及"敲门并宣告"规则的判例不同的结果。❶

底特律警察取得了在布克尔·T.哈德孙住宅搜查毒品和武器的搜查令。1998年8月的一个下午，大约7名警察来到哈德孙家中进行搜查。警官贾马尔·古德（Jamal Good）事后作证说，警察在到达时首先喊道："警察，令状搜查！"他进一步作证说，在警察走近门口时，没有看到或听到屋内有任何动静，警察也没有敲门。警官贾马尔·古德解释说，警察等了"大概三到五秒钟"后进入了哈德孙住宅，因为那"大约是（他）进去的时间"。'他承认，警官们进入得"很快"，"没有等任何人来开门"。一进屋，古德警官就发现哈德孙坐在客厅的椅子上，然后警察命令哈德孙不许动。警方随后从哈德孙的口袋里找到

---

❶ 1958年，美国联邦最高法院在米勒诉美国案（Miller v. United States）案中裁决，"呈请人在警官破门而入之前没有收到通知，因此逮捕是非法的，所获证据本应予排除。"在1968年萨巴思诉美国（Sabbath v. United States）案中，最高法院认为，由于警察未经敲门和通知的程序就进入住宅，所以随后的逮捕是非法的，搜查中所获的证据不予采纳。Miller v. United States, 357 U. S. 301 (1958): 313-314; Sabbath v. United States, 391 U. S. 585 (1968): 586.

了5块可卡因，还在哈德孙坐过的椅子上发现了"单独包装在塑料袋里的可卡因块"，还有一把上了膛的枪，"卡在椅子的靠垫和扶手之间"。密歇根州检察官以"持有可卡因，意图在执行重罪期间交付和持有枪支"的罪行指控哈德孙。❶

在初审法院，哈德孙申请法庭排除警察在他的住宅中搜查扣押的证据，理由是警察进入住宅时没有遵守"敲门并宣告"的要求，侵犯了他的第四修正案权利。在被告人哈德孙排除证据的动议处于中间审查阶段时，密歇根州最高法院在人民诉史蒂芬斯案中裁定，警察违反第四修正案"敲门并宣告"要求后进入住宅并取得证据，如果警察进入住宅时持有有效的搜查令状，那么搜查扣押的证据可以被法庭采纳。尽管有州最高法院的上诉裁判，初审法院还是举行了证据排除听证会上，听取了证词，并在检方承认警方违反了"敲门并宣告"的规则后，排除了控方的定罪证据，驳回了控方的起诉。之后，控方上诉至密歇根州上诉法院，上诉法院依据州最高法院的判例，推翻了初审法院的判决。❷

该案随后返回初审法院，进行了为期两天的法庭审判。法官认为，控方未能证明"哈德孙拥有枪支以及大部分可卡因是在他家中发现的"这一事实，因此控方提出的最严重的指控被驳回。同时，法庭认定，警察在哈德孙的裤子里发现"少于25克可卡因"的情况属实，因此以非法持有少量毒品对哈德孙判处缓刑。在州上诉法院，哈德孙再次以警察违反第四修正案"敲门并宣告"规则提起排除非法证据的动议，但是上诉法院驳回了该动议，维持了初审法院的有罪判决。之后，密歇根州最

---

❶ Hudson v. Michigan, 547 U. S. 586（2006）: 588.

❷ Hudson v. Michigan, 547 U. S. 586（2006）: 589.

高法院拒绝了被告人提出的审查证据可采性的申请，被告人向美国联邦最高法院提请签发调卷令，美国联邦最高法院对该案签发了调卷令。❶

美国联邦最高法院于2006年1月9日举行了该案的口头辩论。由于大法官阿利托（Alito）于2006年1月31日加入美国联邦最高法院，案件后于2006年5月18日重新辩论。2006年6月15日，法院以5∶4的投票结果确认了下级法院对哈德孙定罪判决。美国联邦最高法院认为，违反"敲门并宣告"规则取得证据，不需要适用非法证据排除规则将其排除于法庭之外。

在大法官斯卡利亚撰写的多数意见书中，开头便简要讨论了"敲门并宣告"规则的历史。要求执法人员在进入住宅之前必须敲门并告知，这并不是一项新规定。根据普通法，除非有特殊情况，警察不可以强行进入住宅执行搜查令，进入前，警察首先要敲门，告知居民自己的警察身份，并向他们阐明自己要求进入的理由。❷ 只有当进入住宅的请求被拒绝或者存在其他合法理由，警察才可以强行破门而入。而且，在敲门并宣布他们的存在和权力后，警察必须等待一段合理的时间才能强行进入民居。❸ 美国联邦最高法院认为，警察宣告后应等待的时间，"在很大程度上取决于初审法院作出的事实认定"。❹在法院认定搜查的有效性的案件中，警察等待的时间分别为1分钟、30秒、15~20秒和10秒。❺美国大多数州的法律都涉及执法人员在执行

---

❶ Hudson v. Michigan, 547 U. S. 586 (2006)：590.
❷ Wilson v. Arkansas, 514 U. S. 927 (1995)：931-932.
❸ United States v. Dice, 200 F. 3d 978 (6th Cir. 2000)：983.
❹ United States v. Ruminer, 786 F. 2d 381 (10th Cir. 1986)：383-384.
❺ United States v. Banks, 540 U. S. 31 (2003)：40-41.

逮捕令时是否需要遵守"敲门并宣告"规则的问题。❶

普通法的这一规定与第四修正案的制定者对家庭神圣性的高度重视是一致的。❷ 在1995年威尔逊诉阿肯色州（Wilson v. Arkansas）案中，美国联邦最高法院的大法官们一致认为，普通法的"敲门并宣告"原则是"第四修正案所规定的取证合法性要求"的一个组成部分，而且，如果警察没有宣告就进入他人住宅，即使警察的搜查令状有合理的理由支持，其搜查行为也可能构成一种无理由的搜查。因此，搜查住所的合理性可能部分取决于"执法人员是否在进入之前宣布他们的存在和权力"。❸

违反"敲门并宣告"规则可能以各种形式出现，包括：既不敲门也不告知身份；敲门并告知身份后未等待合理时间就强行进入；被居民拒绝进入后，使用不必要或者不合理的武力强行进入。❹

即使是在没有强行进入的情况下，如住宅大门没有上锁或公寓经理同意开门，警察通常也必须遵守在进入前敲门并宣告

---

❶ Craig Hemmens, Chris Mathias. United States v. Banks: The "Knock-and-Announce" Rule Returns To The Supreme Court [J]. IDAHO L. REV., 2004 (41): 12; Frank W. Miller, Robert Dawson, George E. Dix, Raymond I. Parnas. The Police Function [M]. 6th ed. Foundation Press, 2000: 31.

❷ Phillip A. Hubbart. Making Sense of Search and Seizure Law: A Fourth Amendment Handbook [M]. Carolina Academic Press, 2005: 240.

❸ Wilson v. Arkansas, 514 U. S. 927 (1995): 929, 931.

❹ United States v. Dice, 200 F. 3d 978 (6th Cir. 2000): 983; Wilson v. Arkansas, 514 U. S. 927 (1995): 935-936.

的要求。❶ 即使住宅大门大开着，一些法庭也要求警察在进入之前必须先敲门并宣告他们的到来。为符合"敲门并宣告"的规定，有关执法人员必须声明自己的警察身份，并表明他们到当事人家中执行搜查令。❷ 在声明发出后，警察必须等待一段合理的时间，以获得房屋居住者的进入允许。如果警察被拒绝进入或者住宅内无人应答，必要时他们可以强行进入。

在2013年班克斯案中，美国联邦最高法院第一次裁决处理了警察强行闯入住宅前需要等待多长时间的问题。在"没有理由怀疑在等待过程中会有立即受挫或徒劳无功的风险"的情况下，必须给居住者足够的时间来开门。但是，如果警察有合理的依据怀疑证据有被销毁的危险，那么就要估计一下居住者需要多长时间销毁证据。在班克斯一案中，美国联邦最高法院的大法官们一致认为，警察在用锤子强行把门撬开之前等待15~20秒是有充分理由的，因为警察有理由相信，如果他们等得更久，班克斯会销毁他涉嫌藏匿的可卡因。在敲门时，警察并不知道班克斯正在洗澡。法院裁判的理由是，"警察判断合理等待时间的依据是他们已经知道的事实"。❸

除了毁灭证据，美国联邦最高法院认定，在一些情况下，警察不必遵守敲门并宣告，包括：警察具有合理的依据怀疑嫌疑人暴力威胁警察或住宅内的其他人；有合理的依据怀疑敲门

---

❶ Sabbath v. United States, 391 U. S. 585 (1968) 585, 586; Keiningham v. United States, 287 F. 2d (D. C. Cir. 1960): 126, 130 ; Wayne R. Lafave, Jerold H. Israel, Nancy J. King, Criminal Procedure (Thompson 4th ed.) [M]. West Group, 2004: 167.

❷ Wayne R. Lafave, Jerold H. Israel, Nancy J. King. Criminal Procedure (Thompson 4th ed.) [M]. West Group, 2004: 167.

❸ United States v. Banks, 540 U. S. 31 (2003): 43.

并宣告将是无效的；紧急抓捕逃犯。❶ 如果警察已经提出进入住宅的要求而被拒绝，这种情况就可以被作为"有合理的依据认为敲门并宣告将是无效的"情况处理。❷ 例如，住宅的居住者看到了身穿制服的警察，在警察宣告自己的身份之前，居民当着警察的面把门关上，此时，对于警察来说，敲门并宣告自己的到来就毫无意义。在未敲门就进入的案件中，合理的怀疑而不是可能的原因，是控方为取证合法性辩护的有效理由。在令状搜查中，遵循"合理怀疑"标准，在尊重个人隐私利益和合法执法之间取得了适当的平衡。❸

"敲门并宣告"规则有助于保护特定的利益。"这些利益之一是人类的生命和肢体。"进入民居搜查或者逮捕之前敲门，可以防止警察受到身体伤害。因为如果住户没有意识到正在进入他们住宅的是持有令状的警察，受到惊吓的住户可能误以为警察的突然进入是犯罪入侵，并使用武器攻击入侵者或采取其他防御措施。❹ 更进一步，警察也可能会自卫，这就会对居住者造成伤害。❺ 该规则保护的另一个利益是公民的财产。警察的敲门和宣告行为，使个人有机会遵守法律，避免强行进入所造成的财产破坏。❻ 敲门可以避免使警察对居住者不必要的警报，所以它实际上可以促进和加速搜查的进程。❼ 最后，这一规则可以保

---

❶ United States v. Ramirez, 523 U. S. 65（1998）; Richards v. Wisconsin, 520 U. S.（1997）.

❷ Wilson v. Arkansas, 514 U. S. 927（1995）: 936.

❸ Richards v. Wisconsin, 520 U. S. 385（1997）: 394-95.

❹ Hudson v. Michigan, 547 U. S. 586（2006）: 590.

❺ McDonald v. United States, 335 U. S. 451（1948）: 460-461.

❻ Hudson v. Michigan, 547 U. S. 586（2006）: 592.

❼ Ker v. California, 374 U. S. 23（1963）.

护公民的隐私和尊严。警察的突然进入会侵犯居民的个人隐私，而"敲门并宣告"使得住所里的人得到简短的通知，从而有机会为警察的进入做准备。❶ 例如，如果警察敲门并宣布他们的到来，睡觉的居民就有时间在警察进入他的卧室之前穿上睡袍。❷

"敲门并宣告"规则是搜查合理性的要求，它有助于避免财产损失、身体伤害和死亡，还有助于警察实现搜查扣押的目的。由于这些原因，美国联邦最高法院认为，"'敲门和宣布'原则构成第四修正案要求的合理调查的一部分。"因此，总的来说，在不遵守"敲门并宣告"规则的情况下进行搜查和扣押在第四修正案的意义上就是不合理的搜查扣押。因此，从技术上讲，不遵守"敲门并宣告"规则的搜查扣押就违反了第四修正案，就是不合理的搜查和扣押。❸ 法院的相关判例已经为这种不合理搜查和扣押确立了补偿措施——非法证据排除规则。但是，非法证据排除规则并不是自动适用于技术上违反宪法的所有情况，并不是说，只要发生了不合理的搜查或扣押，证据就会被排除。此时，成本—效益分析是否适用非法证据排除规则的检测标准。

美国联邦最高法院曾经驳回了一项规定，即某些案件的审理，如毒品重罪调查，应永远不适用"敲门并宣告"规则。❹ 相反，美国联邦最高法院要求，在涉及"敲门并宣告"规则的案件里，要逐案审理，对案件的全部具体情况进行分析。此外，地方法官不批准无敲门进入的决定，不应被解释为执法人员在

---

❶ Wayne R. Lafave, Jerold H. Israel, Nancy J. King. Criminal Procedure (Thompson 4th ed.) [M]. West Group, 2004: 167.
❷ Richards v. Wisconsin, 520 U. S. 385 (1997): 393.
❸ Wilson v. Arkansas, 514 U. S. 927 (1995): 929.
❹ United States v. Cantu, 230 F. 3d 148 (5th Cir. 2000): 152.

执行搜查令状时没有独立判断的权力。❶ 在执法人员不遵守"敲门并宣告"规则，后来又未能提供合理怀疑存在紧急情况的依据的案件中，各个州的法院并没有一致地排除证据。在哈德孙诉密歇根州案之前，美国联邦最高法院也没有判决确认，排除规则是否适用于不敲门就进入的不当行为。

哈德孙案提出了一个看似十分简单的问题，即当警察持有有效令状搜查，但是违反了"敲门并宣告"规则时，所得的证据是否应当被排除？

美国联邦最高法院以 5：4 投票结果裁决，非法证据排除规则并不要求排除那些违反"敲门并宣告"规则而获得的证据。多数派的观点承认，普通法的"敲门并宣告"有其古老的根源，它已被编入美国联邦法规，并且第四修正案也要求遵守这一规则。❷ 但是，美国联邦最高法院指出，由于适用排除规则的代价高昂，法院认为它只适用于"被认为对其补救目标最有效的地方"。❸ 法院将排除规则定位为只有在罕见情况下才可援引的极端的补救办法，并以此为前提考虑是否对违反"敲门并宣告"要求的取证行为适用非法证据排除规则。❹

大法官斯卡利亚代表多数派撰写了判决书，提出了拒绝对"敲门并宣告"规则适用非法证据排除规则的三个主要原因。首先，非法证据排除规则只适用于威慑警察违法的作用超过排除证据导致的社会代价的情况，并且只应作为最后的而不是首选的手段使用。❺ 其次，法院解释说，对于仅仅违反"敲门并宣

---

❶ Richards v. Wisconsin, 520 U. S. 385 (1997)：394–396.
❷ Hudson v. Michigan, 547 U. S. 586 (2006)：589.
❸ Hudson v. Michigan, 547 U. S. 586 (2006)：592.
❹ Hudson v. Michigan, 547 U. S. 586 (2006)：593.
❺ Hudson v. Michigan, 547 U. S. 586 (2006)：591.

告"要求的轻微违规行为,排除证据带来的社会代价过于巨大,而且可能会引发无休止的诉讼。❶ 最后,对警察的教育、培训和监督可以为公民权利的充分保护提供有力保障。❷

美国联邦最高法院指出,第四修正案的违反并不会自动触发排除规则的适用。首先,必须证明,违反宪法和发现证据之间有一种"若非"(but-for)的关系,即"如果警察的违法行为不存在,证据就不会被发现"。美国联邦最高法院认为,在哈德孙案中,警察违反"敲门并宣告"规则,并不是获得证据的必要前提。因为不管最初的违法行为是否发生,警察都会执行他们获得的搜查令状,并在房子里发现枪和毒品。由于作为证据的枪支和毒品不是警察违反"敲门并宣告"规则的成果,因而证据并没有被非法行为所污染。❸

即使承认违反"敲门并宣告"的非法入侵私宅行为与发现枪和毒品这些证据存在"若非"的因果关系,这种因果关系也不足以成为排除证据的理由。相反,此类案件是否适用非法证据排除规则适当的判断标准是,所获得的证据是作为最初非法行为的产物,还是通过"清除了主要污点"的其他手段得到的。❹

美国联邦最高法院进一步解释说,即使违反宪法和发现证据之间存在直接的因果关系,如果通过排除非法证据无法实现对被侵犯的宪法权利的保护,那么此时的因果关系就十分微弱,不足以作为适用非法证据排除规则的理由,稀释原则就可以适用。根据美国联邦最高法院的判例,要求警察"敲门并宣告"

---

❶ Hudson v. Michigan, 547 U. S. 586 (2006): 595.
❷ Hudson v. Michigan, 547 U. S. 586 (2006): 599.
❸ Hudson v. Michigan, 547 U. S. 586 (2006): 592.
❹ Hudson v. Michigan, 547 U. S. 586 (2006): 593.

的目的是保护人的生命、身体、财产和尊严。然而,"敲门并宣告"规则从来不保护"个人阻止政府查看或获取搜查令中描述的证据的利益"。在哈德孙案中,被违法行为侵犯的个人利益与被扣押的证据无关,所以排除规则不能适用。❶ 虽然美国联邦最高法院的判决意见没有明确说出,但是它似乎是在推理,"敲门并宣告"规则所保护的诸如生命、肢体和财产等利益与随后进行的搜查和扣押可能涉及的利益是分开的。换句话说,敲门和宣布规则保护的利益不同于搜查令所保护的利益。❷

即使违反"敲门并宣告"规则与随后发现的证据之间有足够的相关性,在该案的情况下,违法的证据仍然具有可采性。美国联邦最高法院运用成本—收益分析方法,认为在该案中适用排除规则的成本超过了可能产生的威慑利益,由此得出结论,搜查扣押的证据可以用作反对被告人的证据。❸

在适用成本—收益方法讨论排除规则是否适用于违反"敲门并宣告"规则取得的证据时,美国联邦最高法院首先分析了排除证据产生的社会成本。法院认为,排除具有相关性的定罪证据会给社会带来十分严重的后果,这里存在"释放罪犯和使危险分子逍遥法外"的巨大风险。❹

排除证据的另外一个成本是,这种做法会鼓励被告人提起此类诉讼,声称警察没有遵守"敲门并宣告"规则,要求排除证据。法院将会面临大量的要求排除特定证据的诉讼。控方证

---

❶ Hudson v. Michigan, 547 U. S. 586 (2006): 594.

❷ Jennifer Yackley, Hudson V. Michigan: Has The Court Turned The Exclusionary Rule Into The Exclusionary Exception? [J]. Hamline Law Review, 2007 (30): 409.

❸ Hudson v. Michigan, 547 U. S. 586 (2006): 595.

❹ Hudson v. Michigan, 547 U. S. 586 (2006): 595.

明警察遵守敲门和宣布规则可能是困难的，许多被告会辩称警察不遵守规则，以排除证据。美国联邦最高法院指出，与搜查前取得令状以及讯问前作出米兰达警告不同，警察遵守"敲门并宣告"规则并不是那么简单。在一个特定的案件中，警方等待多少秒才构成"合理的等待时间"，以及什么情况下可以适用"敲门并宣告"的例外规则，对初审法院来说，这些问题很难确认，对上诉法院来说更是难上加难。❶

由于证明符合"敲门并宣告"十分困难，被告很可能经常获胜，这样，不仅打开了申请排除证据的诉讼的闸门，而且由于排除了定罪证据，使得更多的被告人被判决无罪，这是社会付出的一项重大代价。同时，美国联邦最高法院认为，另一个不利的后果是，警察进入住宅前的等待时间过长，这既是危险和徒劳的，也会阻碍对犯罪有效的侦查。由于"敲门并宣告"规则要求的合理等待时间无法确定，而一旦违反规则就会产生证据被排除的严重后果，警察的理智选择通常会是，尽可能延长等待时间以符合法律的要求。但是，这样做的后果是，其一，警察处于更为危险和不利的境地，因为发生针对警察的暴力的机会随着时间的推移而增加；其二，等待时间的拖延为毁损证据提供了机会。❷

针对上述社会成本，美国联邦最高法院分析了排除证据的收益——威慑效益。首先，最高法院指出，"威慑的效果取决于执法人员实施被禁止的行为的动机的强度。换句话说，如果警察几乎没有任何动机愿意实施违法行为，是否有必要适用非法证据排除规则来吓阻警方的此类行为？如果警察违反"敲门并宣

---

❶ Hudson v. Michigan, 547 U. S. 586 (2006): 595.
❷ Hudson v. Michigan, 547 U. S. 586 (2006): 595-596.

告"规则,他们所受的损失将大于所获得的收益。由于有搜查令,无论是否遵守"敲门并宣告"规则,警察都会得到证据。如果违反规则,警察冒着证据被排除在审判之外的风险,同时,如果不敲门和宣告身份,他们自己也有受伤的危险。因此,警察实际上并没有违反规则的动机,所以不需要排除证据来吓阻这类违规行为。❶

法院在评估排除规则是否适用时考虑的最后一个因素是,如果不排除证据,是否有其他威慑手段。哈德孙认为,除了排除证据,没有其他有效手段可以构成对"敲门并宣告"的违规行为的威慑。美国联邦最高法院不同意这种观点,而且对马普案中确立的威慑理论提出了挑战:"我们不能仅仅因为很久以前在不同的情况下法院认为有必要使用排除规则威慑警察违法,就认为在本案这种情况下排除是必要的吓阻手段。"❷

美国联邦最高法院指出,民事责任是一种有效的救济手段,违规的警察可能面临民事诉讼。有一些新的法律使民事法庭成为解决侵犯公民权利问题的一种可行的手段,在不适用排除规则的情况下,这些法律可能会起到威慑警察违法的作用。在最初确立非法证据排除规则时,没有这类针对违法搜查扣押行为的民事救济法律,这可能是开始时需要后来不需要将排除规则作为威慑手段的一个原因。❸

同时,美国联邦最高法院强调,民事权利原告可以获得律师费,而且专门处理民事权利诉讼的公益律师事务所和律师的数量都大大增加了。美国联邦最高法院还援引了一些案例,在

---

❶ Hudson v. Michigan, 547 U. S. 586 (2006): 596.
❷ Hudson v. Michigan, 547 U. S. 586 (2006): 597.
❸ Hudson v. Michigan, 547 U. S. 586 (2006): 598.

这些案件中，下级法院受理了各式各样的涉及"敲门并宣告"规则的民事诉讼，并且否定了警察的附条件豁免权。最高法院得出结论说，民事责任是一种有效的救济措施。❶

美国联邦最高法院随后将注意力转向"过去半个多世纪以来阻止侵犯公民权利行为的其他发展——警察部队日益专业化以及对警察内部纪律的强调。"最高法院接着说，"我们现在有越来越多的证据表明，全国各地的警察都在认真对待公民的宪法权利"，因此，"认为影响职业生涯的内部纪律，不会起到威慑作用的说法是不可信的"。而且，对警察的教育、培训和监督，这些都是对警察违法的威慑措施，减轻了适用排除证据以达到威慑目标的需要。❷

法院最后指出，当前，对违反"敲门并宣告"规则的阻吓手段，远多于在马普案作出判决时对没有搜查证违法入侵的吓阻手段。因此，没有理由诉诸排除证据这种重量级的威慑措施。❸

大法官布雷耶（Breye）发表了反对意见。他指出，排除规则的法律目的——对非法政府行为的威慑——是排除证据的强有力的理由。普通法中的"敲门并宣告"规则构成第四修正案合理调查要求的一部分。因此，如果该规则被违反，则可能导致后续的搜查有宪法上的缺陷。他认为，美国联邦最高法院就该案的判决摧毁了遵守美国宪法要求的"敲门并宣告"规则的最强有力的法律激励。在大法官布雷耶看来，多数派的观点在两个方面存在重大问题：首先，它意味着对最高法院先前判决

---

❶ Hudson v. Michigan, 547 U.S. 586 (2006): 598.
❷ Hudson v. Michigan, 547 U.S. 586 (2006): 599.
❸ Hudson v. Michigan, 547 U.S. 586 (2006): 600.

的背离；其次，它削弱了，甚至可能摧毁了，"敲门并宣告"这一宪法规则的许多实际价值。❶

对于多数派的意见，一些学者表示赞同。❷ 但是，更多的观点则提出了批评持反对意见。有学者指出，非法证据排除规则除了威慑效力外，还有其他的理论基础，因而仅以威慑理论作为依据是不全面的。❸ 而多数批评者倾向于附和大法官布雷耶的反对意见。❹

还有些人则提供统计数据，针对大法官斯卡利亚所说的社会成本，在重罪案件中，美国联邦检察官因为担心扣押的证据被排除而放弃起诉的案件只有0.2%，在加利福尼亚州，由于检察官预期证据可能会被排除，0.8%的被捕者没有被起诉。美国联邦法院在1.3%的联邦检察官提起的刑事案件中排除了非法获取的证据，在9个大县、州和地方样本中，排除非法搜查扣押的

---

❶ Hudson v. Michigan, 547 U. S. 586 (2006): 605.

❷ J. Spencer Clark. Hudson v Michigan: Knock – and – announce – An outdated rule? [J]. Brigham Young University Journal of Public Law, 2007 (21): 433-453; J. Papik. Don't knock them until you try them: Civil suits as a remedy for knock – and – announce violations after Hudson v. Michigan [J]. Harvard Journal of Law and Public Policy, 2006 (30): 407-426.

❸ Jennifer Yackley. Hudson V. Michigan: Has The Court Turned The Exclusionary Rule Into The Exclusionary Exception? [J]. Hamline Law Review, 2007 (30): 410.

❹ D. Moran. The end of the exclusionary rule among other things: The Roberts Court takes on the Fourth Amendment [J]. Cato Supreme Court Review, 2005-2006: 283-309; D. Gatlin. Technical knockout: Hudson v. Michigan and the unfortunate demise of the knock-and-announce rule [J]. American Criminal Law Review, 2007 (44): 1238-1267.

证据的动议在 0.7% 的刑事案件中获得成功。❶

此外，有人指出，逐案运用成本和收益分析决定是否适用非法证据排除规则的方法可能过于简单，因为"排除规则不是通过缓解某人短期的痛苦或挫败一名警官的斗志来发挥作用，它的作用是长期的，它允许法官为愿意接受这一规则的警察提供指导"。❷

一些观点认为，美国联邦最高法院的判决实际上是削弱了"敲门并宣告"规则。而一些评论人士提出的另一个问题是，哈德逊法院的裁决对非法证据排除规则的未来意味着什么。有观点认为，美国联邦最高法院以 5∶4 的裁判结果驳回了被告人的动议，这标志着第四修正案的终结，预示了最高法院司法权的重大转变。❸ 因此，可以想象，哈德孙案的影响是巨大的。

评估一项判决的影响的一种方法是追踪法院将其作为先例的使用情况。人们早就认识到，下级法院可以以各种方式影响美国联邦最高法院判决产生的效果。对最高法院的判决，后来的法院可以从广义上也可以从狭义上广泛地解读。他们可以区别对待，也可以遵循，而且由于下级法院处理国家出现的绝大

---

❶ A. Alschuler. Demisesquicentennial: Studying the "exclusionary rule": An empirical classic [J]. University of Chicago Law Review, 2008 (75): 1365-1384.

❷ A. Alschuler. Demisesquicentennial: Studying the "exclusionary rule": An empirical classic [J]. University of Chicago Law Review, 2008 (75): 1365-1384.

❸ D. Moran. The end of the exclusionary rule among other things: The Roberts Court takes on the Fourth Amendment [J]. Cato Supreme Court Review, 2005-2006: 283, 284; D. Gatlin. Technical knockout: Hudson v. Michigan and the unfortunate demise of the knock-and-announce rule [J]. American Criminal Law Review, 2007 (44): 1238-1267.

多数案件，他们的决定可以对这个国家法律的主旨产生很大影响。下级联邦法院倾向于从广义上理解哈德孙案，将斯卡利亚大法官的推理应用于其他类型的案件。例如，联邦上诉法院曾经判决，执行令状搜查的警察进入住宅时有违法行为时，发现定罪证据可以被法庭采纳。在另一些案件中，在以不符合联邦法规的方式进行的搜查中发现的证据材料没有被法院排除。法院认为，违反法规的规定而不是宪法的要求，不能成为排除证据的理由，除非法规本身规定了排除证据这种补救办法。❶

根据哈德孙案的裁决理由，联邦法院判决，警察在进入一户人家时错误地没有遵守"敲门并宣告"规则而实施了令状搜查，这一事实并不意味着在这次搜查中发现的证据应予以排除。❷ 在美国诉法瑞斯－冈萨雷斯（United States v. Farias-Gonzalez）案中，美国联邦第十一巡回法院依照哈德孙案的推理提出，非法逮捕后取得的证据不一定要被法庭排除。在该案中，一名被非法逮捕的人的指纹是被逮捕后留下的，指纹表明他是非法进入美国的人。上诉法院维持了下级法院驳回被告人排除证据申请的裁决。❸ 在另一个案件中，法院裁决，在非法搜查中发现的证人证言，在某些情况下不必予以排除。❹

另外一个典型案例是美国诉安肯尼（United States v. Ankeny）案。在该案中，法院裁决，警察在执行搜查令时进入住宅的方式违法以及使用武力的强度过高，不是排除证据的

---

❶ United States v. Acosta, 502 F. 3d 54（2nd Cir. 2005Z）; United States v. Southerland, 466 F. 3d 1083（D. C. Circuit 2006）; United States v. Cazares-Olivas, 515 F. 3d 726（7th Cir. 2008）.

❷ United States v. Snow, 462 F. 3d 55（2, cir. 2006）.

❸ United States v. Farias-Gonzalez, 556 F. 3d 1181（2008）.

❹ United States v. Gray, 491 F. 3d 138（4th Cir. 2007）.

理由。因为警察有充分的理由相信被告可能携带武器并具有危险性,他们就没有敲门,使用一只锤子进入被告人的住所。警察使用了大量的武力,包括使用闪光弹装置,导致被告遭到一度和二度烧伤,他们还从大约10扇窗户中射击,并向天花板和墙壁发射橡皮子弹。上诉法院认为,尽管警察使用了过度的不合理的武力,但这并不意味着,在这样的一个搜查扣押的过程中获得的证据应该被排除,因为根据哈德孙案的判决结论,适用证据排除规则的前提是,警察的违法行为与所获证据之间存在因果关系。[1]一位学者指出,法院的这一判决极大地扩展了哈德孙案的影响范围,使其影响超越了"敲门并宣告"这一规则本身。[2]

这样看来,在美国联邦法院系统,尽管有联邦上诉法院拒绝应用哈德孙案的推理的案例,[3]但法院裁判的总体趋势是扩大使用它,从而进一步缩小了非法证据排除规则的适用。

哈德孙案产生的影响是巨大的。首先,该案的判决对"敲门并宣告"规则的有效性提出了挑战,因为遵守规则的最强烈动机——防止证据被排除——被消除了。更值得关注的是,美国联邦最高法院的推理使人对排除规则的效力产生了怀疑。自马普案以来,美国联邦最高法院很少援引排除规则的例外情况,非法证据排除规则是非法取证的救济措施,这是不容争议的。然而,在哈德孙案中,美国联邦最高法院几乎援引了排除规则所有的例外情形。在这样做的过程中,最高法院采用了一些相当牵强的推理,使该案符合例外情况。

---

[1] United States v. Ankeny, 502 F. 3d 829.

[2] D. Moran. Waiting for the other shoe: Hudson and the precarious state of Mapp [J]. Lowa Law Review, 2008 (93): 1725-1740.

[3] United States v. Mosley, 454 F. 3d 249 (3rd Cir. 2006).

根据哈德孙案的解释，非法证据排除规则不是基于宪法的权利，它只是在某些情况下为实现宪法权利而制定的司法补救办法。这一规则唯一目的似乎只是阻止警察公然和蓄意的违法行为，而保护个人隐私和维护司法程序的纯洁性不是重要的方面。而且，在适用这一规则以吓阻警察违法时，也要满足一个条件，即应用它带来的好处必须大于应用它产生的巨大的成本。目前看来，各级法院最近的判决进一步限制了排除规则的作用范围。似乎有理由认为，排除规则的影响已经显著减弱，甚至到了一些人猜测的可能消亡的程度。[1] 虽然可以辩称，法院不会完全废除其适用，[2] 但有一种可能性是，法院可能会继续削减其使用。[3]

---

[1] D. Moran. The end of the exclusionary rule among other things: The Roberts Court takes on the Fourth Amendment [J]. Cato Supreme Court Review, 2005-2006: 283, 284.

[2] D. Moran. Waiting for the other shoe: Hudson and the precarious state of Mapp [J]. Iowa Law Review, 2008 (93): 1725-1740.

[3] S. Wasserstrom. The incredible shrinking Fourth Amendment [J]. American Criminal Law Review, 1984 (21): 257-401.

二、主观错误的程度——赫林（Herring）案

在哈德孙案中，美国联邦最高法院的大法官们透露了他们对排除规则的意图。接着，罗伯茨法院审理了赫林案[1]中的非法证据排除问题。

2004年7月7日，本尼·赫林驱车前往亚拉巴马州科菲县警察局，去取回他被扣押的卡车。离开后，侦查员马克·安德森（Mark Anderson）觉得赫林看似眼熟，感觉到他的背景可能有疑点，就让逮捕令办事员桑迪·波普（Sandy Pope）查看治安部门的数据库，看是否有关于赫林的未执行的逮捕令。波普没有找到有效的搜查令。安德森随后要求波普打电话给邻近的亚拉巴马州戴尔县的治安部门，看看那里是否有未执行的关于赫林的逮捕令。波普打电话给戴尔县的逮捕令办事员莎伦·摩根（Sharon Morgan），她在警察局的数据库中找到了一份关于赫林的涉及一桩重罪的有效逮捕令。波普向安德森汇报了这个有效逮捕令的情况，安德森让波普通知摩根传真一份搜查令的复印件，以确认搜查令的有效性。与此同时，安德森和他的副手跟踪赫林并逮捕了他。在搜查赫林的人身和车辆时，警察在他的

---

[1] Herring v. United States, 555 U. S. 135 (2009).

车里发现了一把手枪,在他的口袋里找到了毒品。❶

在安德森搜查赫林的时候,摩根试图把搜查令传真给波普,但没有找到搜查令。摩根从戴尔县办事员办公室得知,戴尔县数据库中列出的搜查令是错误的,逮捕令在5个月前已被收回。出于某种原因,这次收回没有进入警察局的计算机数据库。摩根一发现这个错误,就通知了波普。但是,赫林已经被逮捕并被搜查,而且警察发现了非法违禁品。❷

在亚拉巴马州中区地方法院,赫林被以违反《美国联邦法典》第18条第922(g)(1)(2005)款和第21条第844(a)(2005)款起诉。赫林提起了排除枪支和毒品证据的动议,理由是这些证据是在逮捕令被撤回后的非法逮捕中发现的。地方法官驳回了赫林提出的排除非法证据的动议,原因是实施逮捕的警察善意地相信逮捕令的有效性,排除证据起不到吓阻违法的作用。因此,法院认为,虽然警察的逮捕行为违反了第四修正案,但是"没有理由相信,适用非法证据排除规则能够防止未来再次发生类似错误"。❸

美国联邦第十一巡回上诉法院认定,尽管违宪的搜查是由警察的错误造成的,但导致错误行为仅仅的是疏忽大意,没有及时更新计算机记录是由于疏忽,而不是警察故意的行为。上诉法院认为,虽然应对错误负责的办事员是一名执法官员,但排除证据对于一个相对较小的错误来说过于严厉。而逮捕赫林的警察没有任何过错或粗心大意,所以这种错误已经被后来的逮捕所稀释,这使得排除证据的威慑作用微乎其微,甚至根本

---

❶ Herring v. United States, 555 U. S. 135 (2009): 136.
❷ Herring v. United States, 555 U. S. 135 (2009): 137.
❸ United States v. Herring, 492 F. 3d 1212 (11th Cir. 2007): 1218.

不存在。因此，利昂案的善意例外原则在此可以适用。❶

排除证据的申请被下级法院驳回后，赫林向美国联邦最高法院提起诉讼。美国联邦最高法院以5∶4的多数意见裁定，维持了下级法院的判决，认为证据不应当被排除。最高法院认为，如果警察因为其他执法人员的某些行为有合理理由相信有效逮捕令的存在，即使逮捕令事实上不存在，证据也不应当被排除，除非以下两种情况：其一，导致警察相信逮捕令存在的执法人员的行为是出于故意或者粗心大意，而且排除证据可以阻吓这种故意或者鲁莽行为；其二，排除证据的威慑效力大于为此付出的社会代价。由于该案中违反宪法的搜查是另一名警察与实施搜查的警察无关的过失导致的，而这一过失在实际搜查中被稀释，最高法院认为此种情况下适用排除规则是没有根据的。

美国联邦最高法院面临的主要问题似乎十分简单，这就是当一名警察合理地相信有一份未执行的逮捕令，而事实上他的这种相信是错误的，造成这一错误的原因是另一名警察的疏忽，此时，逮捕搜查获得的证据是否应排除证据。

代表多数派撰写判决意见时，首席大法官罗伯茨认定，该案中的警察行为违反了第四修正案。他接着指出，该案的关键争点是排除规则是否适用，而这一问题的答案取决于警察的过错程度，以及排除证据在阻吓警察不当行为方面可能产生的效用。❷

大法官罗伯茨引用利昂案说，在作出这项裁决时，法院必须考虑所有涉案的警察的行为。他接着解释说，科菲县的警察在信任来自于戴尔县执法机构的关于未执行的逮捕令的信息方

---

❶ United States v. Herring，492 F. 3d 1212（11th Cir. 2007）：1219.
❷ Herring v. United States，555 U. S. 135（2009）：140.

面，并没有犯错误，而制戴尔县令状的办事员未能更新计算机数据库既不是因为鲁莽，也不是出于故意，只是工作上的过失。罗伯茨强调，警察的错误没有达到足以要求排除证据的程度，这一点对于法院的判决至关重要。❶

大法官罗伯茨重申美国联邦最高法院的以往判决意见说，排除规则不是宪法的强制性要求，它是司法创立的规则，目的在于通过其威慑作用维护第四修正案的权利。因为排除规则不是宪法所确立的规则，所以并不是说违反第四修正案就必然导致排除证据的结果。此外，即使排除证据确实有可能吓阻警察的不当行为，排除规则也不一定就会被适用。排除规则只适用于其产生威慑效果的利益大于成本的情况。大法官罗伯茨解释说，适用排除规则的代价是，它经常导致有罪和危险的被告被释放，这一结果违反了美国刑事司法体系的基本理念。由于代价如此之高，为了证明排除规则的适用是合理的，就必须确保排除证据产生的威慑作用非常大。尽管最高法院从未认为，排除规则对警察的疏忽行为没有威慑作用，但大法官罗伯茨的结论是，对该案中这种记录上的疏忽的，排除证据产生的威慑作用是微乎其微的。大法官罗伯茨引用弗兰克斯诉特拉华（Franks v. Delaware）案论证自己的观点，在该案中，最高法院裁决，警察在申请令状的宣誓书中所做的虚假陈述，如果出于疏忽或无过错的事实错误，不应导致令状无效。基于同样的逻辑，疏忽大意的沟通导致了警察产生一种错误的信任，即逮捕令仍然有效，这种错误信息的产生不是故意为之，因此排除证据并不能真正地起到阻止未来错误的效应。❷

---

❶ Herring v. United States, 555 U. S. 135（2009）：142.
❷ Herring v. United States, 555 U. S. 135（2009）：150.

大法官罗伯茨还解释说，必须评估违宪搜查时警察的主观状况。威慑作用的大小决定了适用排除规则的合理性，而威慑效应取决于警察违法行为的罪责程度。只有当警官知道或应当知道搜查违反了第四修正案时，证据才应被排除。排除那些通过明目张胆或蓄意侵犯获得的证据，才能达到排除规则的威慑目的。罗伯茨强调，证据被排除的判例均有一个共同点，这就是搜查时警察都公然和故意违反了第四修正案。违反宪法的搜查如果源于非重复发生且减弱的过失，就与非法证据排除规则的核心要素相去甚远。❶

大法官罗伯茨的结论是，适用排除规则的前提是，警察经过充分的深思熟虑后，故意实施违法行为，排除证据在阻却违法方面具有实际的意义，达到了这样的威慑效应，司法系统付出了相应的代价是值得的。适用非法证据排除规则旨在制止鲁莽、故意或严重疏忽的行为以及系统性或反复出现的疏忽。一项疏忽的记录错误，虽然它是由警察犯下的，但这种错误并没有达到适用被排除证据规则来阻吓的地步。同样，在合理地依赖先前已被召回的搜查令的情况下进行的违反宪法的搜查，其错误的严重性没有达到需要排除证据的程度。不能说有充分的理由将其排除在外。为了澄清这一点，大法官罗伯茨解释说，为了在这种情况下适用排除规则的善意例外，警官对逮捕令存在的信赖必须是合理的。判断何为"合理"，要根据具体情况，分析一名训练有素的警察，基于自己的知识和经验，是否会认为该逮捕令有效。例如，如果有证据表明，记录错误是逮捕令系统的常态，那么警察的信赖就不能说是合理的。因此，大法官罗伯茨强调，最高法院对该案的裁决并不意味着，执法机构

---

❶ Herring v. United States, 555 U. S. 135 (2009): 152.

的记录错误永远不能成为排除证据的理由。如果警察被证明在维护搜查令记录系统方面粗心大意或故意作虚假记录，对于由这种不当行为导致的违反第四修正案的搜查所获得证据，适用非法证据排除规则就是合理的。❶

大法官金斯伯格（Ginsburg）代表反对派撰写了反对意见，并提出了其所称的排除规则的"一个更宏伟的构想"。针对多数派观点指出的非法证据排除规则的目的，反对者认为，威慑效力是非法证据排除规则的主要目标，但不同意将"威慑理论"作为排除规则存在的唯一理由的观点。除了威慑违法，排除规则还具有保持司法的纯洁性和公信力的作用。❷

大法官金斯伯格在异议中称，法院要想阻止警方在本案中犯下的这类错误，必须通过适用排除规则才能实现。她认为，如果不制止这类错误，最严重的影响是，无辜的人由于疏忽大意保留的错误信息而错误地被逮捕。大法官金斯伯格说，多数派的观点低估了"强制性适用排除规则的必要性以及执法过程中记录错误的严重性"。她强调，排除规则是第四修正案违法侵权行为的唯一有效的救济措施。❸

接着，就多数派的观点中涉及排除规则的威慑作用的部分，金斯伯格发表了不同意见。按照美国联邦最高法院的判决意见，排除规则充其量只能对粗心大意的不当行为产生微弱的威慑作用。大法官金斯伯格认为，证据被排除的风险会督促政策制定者和系统管理人员监控系统和操作这些系统的人员的工作情况。她认为，该案中，执法机关的记录错误没有反映出核实数据库

---

❶ Herring v. United States, 555 U. S. 135（2009）：153.
❷ Herring v. United States, 555 U. S. 135（2009）：155.
❸ Herring v. United States, 555 U. S. 135（2009）：156.

准确性的常规做法。治安部门本来可以弥补其制度的缺陷，但如果不适用证据排除规则，它就没有动力这么做。金斯伯格在提到电子数据库在当代刑事司法中发挥的巨大作用时指出，"在广泛、相互关联的电子信息收集中存在的不准确性的风险，引发了对个人自由的密切关注"。因此，排除证据对记录错误产生的威慑作用，完全值得社会付出一定的代价。❶

最后，金斯伯格列出了三个理由，说明仅仅在警察的行为是蓄意所为或十分鲁莽时，才排除证据，这种做法是不合理的。首先，当政府侵犯了公民的第四修正案权利时，许多人，如赫林一样，得不到救济。根据相关法律，很可能此时不存在民事救济措施，因为有条件的豁免制度将保护实施逮捕的警务人员，而警察部门对其雇员的疏忽不承担替代责任。即使越过这层法律上的障碍，确定是谁的错也是难上加难。其次，警方没有足够的动机来确保记录的准确性。虽然执法机关没有特意要求警察实施不必要的逮捕，但他们利用数据使他们关于某些人应该被逮捕的偏见合法化。最后，由于没有发现错误的机制，被告不能证明执法系统的疏忽或常规错误，这反过来又会给法院和执法部门带来相当大的行政负担。❷

大法官布雷耶对金斯伯格的不同意见表示附和。他特别指出了"司法错误和警察错误之间的区别"，以及为什么排除规则针对的是警察错误而不是司法错误。他列举了三个原因论证自己的观点：第一，从历史上看，非法证据排除规则是用来预防警察的不当行为的，而不是针对司法错误的；第二，法院的工作人员，作为一个整体而言，没有违反第四修正案的倾向；第

---

❶ Herring v. United States, 555 U. S. 135 (2009): 158.
❷ Herring v. United States, 555 U. S. 135 (2009): 160.

三，针对法院的书记员，证据排除规则几乎没有实用价值。"执法队伍经常参与激烈的侦破罪案工作，而法院书记员并非执法队伍的附属人员，因此与特定刑事诉讼的结果没有利害关系。"由此，布雷耶得出结论，"当警察对导致违反第四修正案的记录错误负有责任时，应适用排除规则"。❶

对于赫林案，可以从狭义方面进行解读，这就是，实施逮捕的警察以及警察的指挥链都没有过错，而导致违法逮捕发生的另外一个县的执法部门所犯的错误与逮捕行为之间的关系十分微弱，适用证据排除规则是没有意义的，因为没有需要吓阻的应受谴责的行为。❷ 如果对"判决"一词仅从狭义上来理解的话，可以说，赫林本身只是亚利桑那州诉埃文斯（Arizona v. Evans）案的一小部分延伸。❸ 在埃文斯案中，法院认为，当警方的违法行为产生于法庭系统数据库中的错误时，证据不应当被排除。❹ 两个案件的共同点是，错误不是实施逮捕的警察所犯的。大法官肯尼迪（Kennedy）在发表对于罗伯茨的协同意见时，也持这一观点，这与他在哈德孙案中发表的声明一致，表明他不赞成对非法证据排除规则进行大规模的重塑。

---

❶ Herring v. United States, 555 U. S. 135 (2009): 162.

❷ Albert Alschuler. Herring v. United States: A Minnow or a Shark? [J]. Ohio St. J. Crim. L. 2009 (7): 485; Craig Bradley. Red Herring or the Death of the Exclusionary Rule [J]. Trial Mag., 2009 (4): 52.

❸ Orin S. Kerr. Good Faith, New Law, and the Scope of the Exclusionary Rule [J]. Geo. L. J., 2011 (99): 1086; Wayne R. LaFave. The Smell of Herring: A Critique of the Supreme Court's Latest Assault on the Exclusionary Rule [J]. J. Crim. L. & Criminology, 2009 (99): 777, 778; Thomas Clancy. The Irrelevance of the Fourth Amendment in the Roberts Court [J]. Chicago Kent Law Journal, 2010 (85): 191.

❹ Arizona v. Evans, 514 U. S. 1 (1995): 14.

但是，很多评论家认为，赫林案对非法证据排除规则的未来是个不祥之兆。例如，有学者认为，赫林案是一个"可怕的"判决，因为法院的分析"远远超出了判决的范围"，而这个案子"似乎为未来某个时候更不祥的判决做好了准备"。❶

赫林案也可以广泛地解读为，它建立了新的证据排除公式。有学者认为，这是非法证据排除规则的一个爆炸性革命。在个案中，为了使得排除证据的动议得到支持，被告必须证明，警察在实施违法行为是出于鲁莽或者严重的疏忽，以及违法的搜查扣押没有被"稀释"。❷

在大多数情况下，警方的错误不会因逮捕或搜查而"减弱"，也不会被鲁莽、故意或重大疏忽等主观性问题而"稀释"。美国联邦最高法院在许多案件中都坚持认为，法院不应该为了确定警察行为的合理性而调查警察的思想。❸ 赫林案似乎建立了一个基于"故意"或"鲁莽"的测试，而这个测试已经"让法院冲进了警察的脑海"。❹ 而"鲁莽"是什么意思，实际上是不清晰的。美国联邦最高法院认为"鲁莽"意指"有意识地无视"，还是一个较低的标准？此外，法院假定，警察的鲁莽行为可以被排除规则所阻吓，但是疏忽大意不可以，这也是十分混

---

❶ Wayne R. LaFave. The Smell of Herring: A Critique of the Supreme Court's Latest Assault on the Exclusionary Rule [J]. J. Crim. L. & Criminology, 2009 (99): 777, 778.

❷ Albert Alschuler. Herring v. United States: A Minnow or a Shark? [J]. Ohio St. J. Crim. L., 2009 (7): 485.

❸ 见惠伦诉美国案（Wren v. United States, 517 U. S. 806, 1996: 813)。在该案中，美国联邦最高法院说："主观意图的分析在涉及合理根据的第四修正案权利争议中没有作用。"

❹ Albert Alschuler. Herring v. United States: A Minnow or a Shark? [J]. Ohio St. J. Crim. L., 2009 (7): 485.

乱的推理。因此，通过赫林案，美国联邦最高法院似乎正在重新定义排除规则的范围，而这种重新定义又产生了许多问题。

警察的何种程度的罪责会导致证据被排除，这个关键的问题仍然不清楚。美国联邦最高法院提出了"故意或鲁莽"的标准，并坚称这是一个"客观"的标准，但实际上，它显然要求对警察的罪责进行审查，因此是主观的。正如学者阿尔舒勒（Alschuler）所指出的，"即使存在'客观善意'这样的东西，也不存在'客观故意的不当行为'。此外，就'鲁莽'而言，是客观的还是主观的，这个问题也是难以有明确答案的。"[1]

第四修正案的意图在于保护公民——无论他是有罪的还是无辜的——不受无理由的搜查扣押的权利。就司法系统而言，确保公民的这一权利得以实现从而使得第四修正案有实际的意义，唯一的渠道就是排除警察违法获得的证据，虽然这些证据针对的被告人很可能是有罪的。显然，根据赫林案的判决，非法证据排除规则的适用范围被缩小了，而这一趋势所产生的影响是很难预知的。赫林案显示，非法证据排除规则的善意例外原则可以适用于任何客观上合理的疏忽大意的违法第四修正案的执法行为。

通过赫林案，美国联邦最高法院进一步缩小了非法证据排除规则的适用范围。对非法证据排除规则适用范围的限缩反映出了一种趋势，即越来越不重视第四修正案要求。美国联邦最高法院的判决使警察尊重公民第四修正案权利的动机变得十分微弱。最高法院关于排除证据的社会成本大于威慑效力的论述，使得执法部门毫无动力去确保电子数据资料库的准确性。同时，

---

[1] Albert Alschuler. Herring v. United States: A Minnow or a Shark? [J]. Ohio St. J. Crim. L., 2009 (7): 485.

这一判决使得非法搜查扣押的受害者得不到补偿和救济，这与非法证据排除规则的目的背道而驰，也使得美国宪法得不到遵守。更为重要的是，对适用非法证据排除规则的一而再、再而三的限制，将会使第四修正案的实现机制变得毫无意义。

虽然对于非法证据排除规则，赫林案中的语气不像哈德孙案那么不友善，但是美国联邦最高法院在赫林案中的判决和推理同样预示着排除规则灰暗的未来。除了赫林案的理论基础之外，最重要的是，大法官肯尼迪愿意无条件地加入大多数人的意见。表面上看，赫林案只是回答了亚利桑那州诉埃文斯案遗留的一个问题：警方实施逮捕所依据的令状根据另一个执法机构的错误的电子数据库资料所签发，逮捕所获得的证据是否应当被排除？赫林案显示，罗伯茨法院不满足于仅仅削减排除规则的适用。赫林案的关键意义在于，它认定，排除规则仅仅适用于警察故意或重复违法的案件。换句话说，赫林案确认了一个普遍适用的善意例外原则。结合哈德孙案的裁决，可以看到，赫林案的判决结果和推理再次表明，罗伯茨法院要么打算废除排除规则，要么打算将其限定为严重违反第四修正案的案件。

三、客观合理的执法行为
——戴维斯（Davis）案

戴维斯案是自哈德孙案以来美国联邦最高法院审理的第二起适用非法证据排除规则的案件。该案涉及的问题是，当警察搜查时所依据的有约束力的先例在搜查之后被推翻时，所得的证据是否应该被排除在法庭外。

2007年4月27日，在亚拉巴马州格林维尔的一个居民区，警察肯尼斯·哈德利拦截了一辆小汽车，车上的乘客是戴维斯案的主人公——威利吉恩·戴维斯。警察给司机斯特拉·欧文斯做了现场酒精测试，由于没有通过测试，警察逮捕了司机并将她押送进了警车。另一名警察柯蒂斯·米勒随后来到现场，走到车辆旁讯问戴维斯的名字。戴维斯先是犹豫了一下，然后向警方提供了假名字——厄内斯·特哈里斯。戴维斯表现出紧张的神情，当警察要求他不要将双手插入口袋时，他没有听从，于是警察让戴维斯下车。下车后，戴维斯脱掉夹克，拉上了其中一个口袋的拉链，把夹克放到了汽车座位上。此时，一些人来围观，警察就询问围观者，是否有人认识乘客。当一名旁观者说出了戴维斯的姓名后，警察逮捕了戴维斯，原因是他向警察提供虚假的姓名。然后，警察给戴维斯戴上手铐，把他押入一

辆警车里。警察之后搜查了戴维斯乘坐的小汽车，在车辆的乘客座位上戴维斯的夹克口袋里发现了一把左轮手枪。❶

戴维斯被指控犯有非法持枪罪，亚拉巴马州中部地区法院审理了该案。戴维斯提出排除左轮手枪这一定罪证据的动议，理由是警察搜查戴维斯的行为违法，获得的证据应当被排除于法庭之外。当时，对排除证据动议的裁决似乎十分明确，警察的搜查符合美国联邦第十一巡回法院根据贝尔顿（Belton）案件确立的规则。即使是被告人戴维斯也承认，他"不会在现有的第十一巡回法院的判例下获胜"。❷

在纽约诉贝尔顿（New York v. Belton）案中，法院认为，"当警察依法逮捕了汽车的实际控制者时，作为该逮捕的一项附带事项，警察可以搜查该汽车的乘客座位。"也就是说，在警察逮捕汽车的司机时，可以不经另外授权而同时对汽车的乘客区域以及箱包等容器（无论该容器是开着还是关着）进行附带性的搜查。并且，搜查车辆时被逮捕人无论是否在能够到达车辆的范围内，附属于逮捕的搜查都被认为是合法的。❸贝尔顿案确立了一条明确简易的规则，允许警察在逮捕的同时搜查车辆的乘客座位，目的是以一个可行的规则来指导警察的行为，一方面，要使警察能够有效率地开展日常活动；另一方面，也要考虑到保护公民的第四修正案权利的问题。可见，按照贝尔顿案确立的规则，警察对戴维斯的搜查是合法的，搜查获取的枪支这一证据不会被认定为非法证据。❹

巧合的是，在戴维斯案的初审阶段，美国联邦最高法院正

---

❶ Davis v. United States, 131 S. Ct. 2419 (2011): 2425.
❷ Davis v. United States, 131 S. Ct. 2419 (2011): 2426.
❸ New York v. Belton, 453 U. S. 454 (1980).
❹ Davis v. United States, 131 S. Ct. 2419 (2011): 2420.

在审理一起与该案有密切关系的亚利桑那州诉甘特（Arizona v. Gant）案。所以，虽然按照贝尔顿案确立的规则，戴维斯提起的排除证据的动议处于必败局面，但是他依然还是提出了第四次修正案权利请求，要求法院保留对非法证据排除问题的审查，等待甘特（Gant）案的判决结果。在证据听证会之后，初审法院驳回了被告人排除证据的动议，陪审团认定，戴维斯犯有非法持有武器罪。❶

之后，戴维斯向美国联邦第十一巡回法院提起上诉。在巡回法院审理期间，美国联邦最高法院就甘特案做出了判决。在该案中，车辆的实际控制者被逮捕并被押解进警车后，警察搜查了车辆。最高法院认为，在贝尔顿案中，犯罪证据有被四个被逮捕者毁损的风险，而且警察的人身安全也明显受到威胁，在此种紧急情况下，警察搜查车辆是有合理依据的。但是，如果没有出现危险的情况，如被捕者已经被制服，现场没有被破坏的风险，警察的附带搜查就是不合法的。通过甘特案，美国联邦最高法院改变了贝尔顿案确认的明确易适用的标准，针对警察在逮捕车辆的实际控制者之后进行的附带于逮捕的搜查的合宪性问题，最高法院创建了一个包含两部分内容的新的测试规则：第一，被逮捕者没有被控制并且当时处于可以到达乘客座位的范围之内；第二，警察有合理依据相信，相关的犯罪证据在车内。❷

美国联邦第十一巡回法院支持了戴维斯的主张，认为"根据甘特案确立的标准，该案中警察的搜查行为侵犯了被告人的第四修正案权利，这是没有重大争议的。在这里的搜索违反了

---

❶ Davis v. United States, 131 S. Ct. 2419（2011）：2421.

❷ Arizona v. Ganta, 556 U. S. 332（2009）：343.

戴维斯的第四修正案的权利，但是，上诉法院拒绝排除左轮手枪这一证据，理由是，警察获得的证据是否应当排除，取决于排除证据是否会吓阻警察违法，因为警察遵循有约束力的先例而惩罚警察，这对遏制违反第四修正案的行为毫无作用。❶

美国联邦最高法院签发了复审令，决定根据善意例外原则审理该案。最终，最高法院以7票赞成、2票反对的结果批准了美国联邦第十一巡回法院的裁决，为客观合理地依赖具有约束力的上诉先例而获得的证据确立了善意例外。多数人的观点是，虽然警察搜查枪支的行为违反了甘特案的规则，但是，第四修正案的违反不是由于警察自己原因造成的。最高法院认为，警察的罪责是法院审理的中心焦点，很明显，戴维斯案应适用利昂案中的原则，即排除规则不适用于警察合理地依赖主管当局作出的法律决定的情况。❷

大法官塞缪尔·阿利托代表多数派撰写了判决意见。他首先分析了非法证据排除规则。他指出，这项谨慎的原则是为了"迫使尊重第四修正案的宪法要求"而设立的，该规则的唯一目的是"制止今后可能发生的违反第四修正案的行为"，因此，在"排除证据未能产生明显威慑"的情况下适用非法证据排除规则除，是"显然没有道理的"。大法官阿利托进一步说，法院应该根据警察不当行为的"恶意程度"来确定排除证据是否是一个合理的补救措施。在成本效益分析中，美国联邦最高法院指出，当警察以"客观合理的善意相信"执法时，他们的行为就是合法的，此时，威慑效力基本不存在，而排除证据也失去了

---

❶ United States v. Davis, 598 F. 3d 1259 (Uth Cir. 2010): 1263.
❷ United States v. Davis, 598 F. 3d 1259 (Uth Cir. 2010): 1268.

意义。❶

大法官阿利托将戴维斯案的问题定性为,"当警方按照有约束力的先例进行搜查,但后来先例被推翻时",是否应适用作为"威慑制裁"的排除规则。毫无疑问,根据当时的法律,警察搜查汽车的行为是合法的。此外,戴维斯也承认,在这起案件中,排除证据并不意味着追究责任。大法官阿利托结合赫林案进行了分析后认为,警方没有过错,戴维斯的主张就不能成立。美国联邦最高法院的理由是,根据赫林案的规则,适用排除规则的前提是,警察违法是故意的,排除证据足以产生有意义的威慑效果,而且警察的责任重大,应受到必要的惩罚,排除证据产生的正面效应足以抵偿司法系统所付出的代价,而在戴维斯案中,警察的违法行为并不符合上述条件。阿利托进一步说,自利昂案创立善意例外规则以来的 27 年间,对于警察无过错的行为,美国联邦最高法院从没有适用过证据排除规则。❷

美国联邦最高法院表明,证据排除规则不应适用于吓阻警察客观合理的执法行为,包括合理地依赖有约束力的先例而实施的执法行为。关于戴维斯案中排除规则的适用,最高法院指出,由于没有任何警察的罪责,排除规则无法适用。侵犯戴维斯的第四修正案权利,警察并不是出于故意、鲁莽或重大过失,所以他们的行为并没有严重到足以"抵得上司法系统付出的代价"。在警察合理执法的情况下排除证据,"只会阻止警察合法履行职责"。❸ 大法官阿利托总结说,因为警察犯了错误而使得罪犯逍遥法外是一回事,因为警察严格遵守应当适用的法律,

---

❶ United States v. Davis, 31 S. Ct, (Uth Cir. 2010):2426-2427.
❷ United States v. Davis, 31 S. Ct, 2428. (Uth Cir. 2010).
❸ United States v. Davis, 31 S. Ct, 2428-2429. (Uth Cir. 2010).

却释放罪犯则是不同的另一回事。❶

在持反对意见的大法官布雷耶和金斯伯格看来，摆在美国联邦最高法院面前的问题是，甘特案的新规定是否以及如何适用于戴维斯案。被告人戴维斯认为，在该案中非法证据排除规则排除的适用性问题涉及的是法律的追溯效力，而不是排除规则的善意例外原则。对此，布雷耶和金斯伯格在代表少数派发表反对意见时表示赞同。❷

大法官布雷耶表示，虽然他同意大多数人的意见，即甘特案的规则适用于戴维斯案，但他不同意甘特案中的原则，戴维斯就得不到救济的结论。布雷耶认为，虽然甘特案提供了救济的措施，但是戴维斯作为违宪搜查的受害者，权利受侵犯后却没有任何救济途径，这是十分令人不安的。对于多数派拒绝排除证据的观点，大法官布雷耶坚决反对，认为这样做剥夺了戴维斯获得正常的救济的权利。❸

大法官布雷耶认为，适用排除规则的障碍是多数派提出的新的善意例外规则，这与法院长期以来的溯及既往的决定是不相容的。戴维斯案中，警察执法依照的是被推翻的先例，法院根据善意例外原则作出裁判，这与美国联邦最高法院格里菲斯（Griffith）案的判决相矛盾。在格里菲斯案中，美国联邦最高法院的判决指出，新公布的宪法刑事诉讼程序必须无一例外地追溯适用于所有正在审理的案件。由此，左轮手枪这一证据应当被排除，因为警察取证时的根据是被推翻的先例。依据大法官布雷耶的推理，戴维斯案适用善意例外原则，是与最高法院追

---

❶ United States v. Davis, 31 S. Ct, 2434. (Uth Cir. 2010).
❷ United States v. Davis, 31 S. Ct, 2435. (Uth Cir. 2010).
❸ United States v. Davis, 31 S. Ct, 2436-2437. (Uth Cir. 2010).

溯既往的判决原则相违背的。法院承认证据的可采性，就是对贝尔顿案中确立的原则的认可，这就如同甘特案并没有发生一样。❶

大法官布雷耶说，多数派关于客观合理地依赖有约束力的上诉先例的例外，引发了对可操作性和公平性的担忧。他指出，美国联邦最高法院的判决表明，只有当警察是故意的、鲁莽的或严重疏忽的违反第四修正案时才排除证据，这意味着，善意例外原则将把非法证据排除规则吞没。由此，戴维斯案加重了赫林案中暗含的危险，即第四修正案可能会变成一项打了折扣的第四修正案，只对那些被过分的、毫无依据的非法搜查和扣押所侵犯的权利提供保护。❷

作为回应，大法官阿利托说，在该案中，警察"善意的"实施了搜查行为，在这种情况下，如果证据被排除，这就与适用非法证据排除规则的目的不符。由于排除证据无法体现出非法证据排除规则的目的，因此该案应当适用甘特案确立的规则，也就符合了溯及既往原则。❸

通过戴维斯案，美国联邦最高法院强化了哈德孙案和赫林案紧缩非法证据排除规则的趋势。美国联邦最高法院对非法证据排除规则发展史以及对该规则威慑原理的狭隘解读，表明了它限制该规则的意图，而下级法院的法官必须根据这一意图来审查排除非法证据的动议。回答警察的罪责程度这一棘手的问题的任务已经落到了下级法院的肩上，事实上，在下级法院的一些裁决中，民众已经发现了非法证据排除规则被削弱的迹象。

---

❶ United States v. Davis, 31 S. Ct, 2438–2439. (Uth Cir. 2010).
❷ United States v. Davis, 31 S. Ct, 2440. (Uth Cir. 2010).
❸ United States v. Davis, 31 S. Ct, 2434. (Uth Cir. 2010).

事实上，美国联邦最高法院在戴维斯案中的裁决再次确认了赫林案中的规则，即只有足够明显的蓄意违法的警察行为才会引发证据排除，适用证据排除规则的要求是，警察的不当行为必须是故意为之的，而且，排除证据可以有效阻却违法，而且这种威慑是值得司法系统付出代价的。美国联邦最高法院以7∶2的投票结果裁定，善意例外原则应延伸至警方依据当时具有约束力的、随后被推翻的司法判例进行搜查的案件。

四、稀释原则的扩大——犹他（Utah）案

美国联邦最高法院于2016年夏天对犹他案❶作出裁决，该案涉及第四修正案、证据的可采性、非法证据排除规则和稀释原则。

自2011年戴维斯案以来，美国联邦最高法院还没有审理过涉及非法证据排除法则的案件。在最高法院对犹他（Utah）案做出判决之前，评论者们处于两个阵营：要么，如果最高法院维持传统的非法证据排除法则，被申请人将占上风；或者，如果最高法院决定进一步削减该规则的适用范围，结果会如何尚不确定，但它肯定会对控方有利。❷

非法证据排除规则的未来是美国联邦最高法院审理此案的"重大概念问题"。❸在过去的十多年中，美国联邦最高法院已经将排除规则的适用范围缩小到"仅适用于那些警察的不当行为

---

❶ Utah v. Strieff, 579 U. S. _, 136 S. Ct. 2056 (2016).

❷❸ Orin Kerr, Agument Preview：Utah v. Strieff and the Future of the Exclusionary Rule, Scotusblog (Feb. 3, 2 016, 4: 09 pm), http://www.scotusblog. com/2016/02/argument-preview-Utah-v-Strieff-and-the-future-of-the-exclusionary-rule/ (previewing the arguments leading up to the Court hearing the Strieff case).

是故意的、鲁莽的或严重疏忽的案件"。❶犹他案符合美国联邦最高法院最近更主流的趋势,即通过扩大个别例外原则来限制排除规则的影响。通过犹他案,稀释原则似乎得到了明显的扩展。❷

南盐湖城警察局接到一个匿名电话,称有人在犹他州南盐湖城的一栋房子里贩卖毒品。接到电话的是道格拉斯·法克雷尔警探,他是一名有18年职业经验的资深警官,接受过专门的毒品侦查培训。按照这个匿名电话提供的线索,法克雷尔(Fackrell)对这所房子进行了"间歇性的监视",每天在不同的时间里监视3个小时,监视持续了一个星期。在此期间,他在这里观察到了一种"短期交通情况",这里有访客频繁出入,而且光顾这所房子的访客每次只待几分钟就离开。法克雷尔认为,对一所民居而言,这种人员出入的频繁情况十分不正常,而且"频繁到足以引起怀疑"。根据他的经验,法克雷尔怀疑屋内的人员正在进行毒品交易活动。❸

一天,法克雷尔注意到,斯特雷夫离开了房子,但是,他是什么时间进去的,法克雷尔并不知道。当斯特雷夫驾车沿着街道前往一家便利店时,法克雷尔就开着一辆没有标牌的车跟踪了他。在接近便利店的地方,法克雷尔命令斯特雷夫将车停

---

❶ Zack Gong, Comment. Utah v. Strieff and the Future of the Exceptions to the Exclusionay Rule [J]. Duke Journal of Constitutional Law & Public Policy Sidebar, 2016: 291-301.

❷ Christopher D. Totten. Utah v. Strieff: The Continued Erosion of the Exclusionay Rule and Fourth Amendment Protections by the United States Supreme Court [J]. Crim. L. Bull, 2016 (58): 1742, 1743.

❸ State v. Strieff, 357 P. 3d 532 (Utah 2015): 536.

在停车场。斯特雷夫照办之后，法克雷尔表明了自己的警察身份。法克雷尔解释说，他一直在监视这所房子，因为他认为这里有毒品交易活动，他还询问斯特雷夫在住所内的活动。随后，法克雷尔要求斯特雷夫出示身份证件，斯特雷夫提供了证件后，法克雷尔将身份信息转告警方的调度员，要求他们协助检查未执行的逮捕令。当调度员告知法克雷尔，有一张斯特雷夫的未执行的小型交通逮捕证时，法克雷尔根据该逮捕证逮捕了斯特雷夫，并对他进行了附随于逮捕的搜查。通过搜查，在斯特雷夫的口袋里发现了一袋甲基苯丙胺和毒品用具。❶

斯特雷夫被控非法持有甲基苯丙胺和毒品用具。他提出了排除毒品和毒品用具这些证据的动议，理由是这些证据是警方对他的违法拦停盘查行为的结果。控方承认，法克雷尔在没有合理怀疑的情况下对斯特雷夫进行了拦截排查，因为法克雷尔不知道斯特雷夫进入那所房子的时间，不知道他在那里待了多久，除了知道他离开了那所房子之外，对其他情况一无所知。但是，控方认为，不应该排除证据，因为有效逮捕令的存在削弱了非法拦截和证据发现之间的联系。地区法院裁定，搜查令的发现明显削弱了证据的违宪性，法克雷尔并没有故意违反宪法拦截车辆并发现违禁品，所以该案不应适用证据排除规则，初审法院驳回了斯特雷夫提出的排除证据的动议。通过辩诉交易，斯特雷夫有条件认罪，控方减轻指控，但是斯特雷夫保留了对初审法院驳回排除证据动议的裁定上诉的权利。❷在犹他州上诉法院的上诉程序中，法院确认了初审法院对稀释原则的适

---

❶ State v. Strieff, 357 P. 3d 532（Utah 2015）：536-537.
❷ State v. Strieff, 357 P. 3d 532（Utah 2015）：537.

用，维持了初审法院否决斯特雷夫排除证据的动议的裁决。[1]

接着，斯特雷夫向犹他州最高法院提出上诉，州最高法院推翻了上诉法院的判决，支持了斯特雷夫排除证据的申请。[2] 州最高法院认为，新发现逮捕令的事由涉及的是独立来源原则而不是稀释原则，稀释原则只适用于被告自己的、自愿的行为，而斯特雷夫在被警察拦截停止期间的行为并不影响搜查令的发现，所以该案的证据仍然有污点，因此不具有可采性。[3]

美国联邦最高法院批准了调卷令，审理该案中关于违宪拦截导致发现有效逮捕令的情况下如何适用稀释原则的争议。最高法院以5∶3的投票结果推翻了犹他州最高法院的判决，认为非法证据排除规则的稀释原则适用于该案，证据不应当被排除，原因是新发现的有效的逮捕令打破了非法拦截和发现证据之间的因果链。[4]

犹他案涉及的问题是，警察在实施违宪的调查活动期间得知，针对嫌疑人有一个有效的未执行的逮捕令的约束，于是警察逮捕了嫌疑人并在附随于逮捕的搜查活动中发现了犯罪证据，此种情况下，稀释原则是否可以适用。大法官卡根（Kagan）简明扼要地描述了这里的法律问题：如果一名警察在没有合理怀疑的情况下在大街上拦截了一个人，这种执法行为就违反了第四修正案；如果警察逮捕了被非法拦截的人，在其衣袋中查获了毒品，检察官就不得将违禁品作为刑事起诉的证据使用，这是无可争议的。根据卡根的说法，问题的实质是，当警察在逮捕某人之后、发现违禁品之前，得知了逮捕令的存在，那么搜

---

[1] State v. Strieff, 286 P. 3d 317 (Utah Ct. App. 2012)：320.
[2] State v. Strieff, 357 P. 3d 532 (Utah 2015)：544.
[3] State v. Strieff, 357 P. 3d 532 (Utah 2015)：535.
[4] Utah v. Strieff, 579 U. S. _ . 136 S. Ct., 2056 (2016).

查所得到的证据是否应当在审判中被排除。❶

控辩双方都同意,警察对斯特雷夫的搜查是附随于逮捕的,是否适用稀释原则是该案的关键问题。双方的争议在于,根据稀释原则的目的,该原则在多大程度上影响该案的分析结论,各个稀释因素起到多大作用。关于排除证据能否有效地吓阻警察实施类似的违法行为,以及排除证据保护被告人第四修正案权利的价值是否明显大于其带来的社会成本,双方也存在较大分歧。❷

控方争辩说,稀释原则适用于该案中的令状逮捕行为,因而犹他州最高法院的判决是错误的。控方认为,稀释原则分析的核心是防止警察侵犯个人宪法权利,就该案而言,排除证据后,社会为罪犯逃避惩罚会付出高昂的代价,这些代价将超过保护斯特雷夫宪法权利所得到的收益。在论证稀释原则的适用问题时,控方认为,介入因素以及警官不当行为的目的和恶意是分析的基础。如果警察没有明显的恶意实施不当行为,搜查令的发现应作为一种干预情况,因为搜查令是在非法截停车辆之前发出的,并且存在于警官的控制范围之外。同样,由于法克雷尔的不当行为不是恶意实施的,因此,即使他的不当行为是证据发现的原因,排除证据也不会明显地阻止今后的警官采取类似的不当行为。另外,控方认为,由于尚未执行的令状的数量是极少的,因此警察们不会依靠发现令状来为自己违反宪法的截停辩护。❸

---

❶ Utah v. Strieff, 579 U. S. _ .136 S. Ct. 2056 (2016):2071.

❷ Brief for Petitioner at 11–13, 20, Brief for Respondent, at 22, 25–35. Utah v. Strieff, 579 U. S. _ .136 S. Ct., 2056 (2016).

❸ Reply Brief for Petitioner at 7–11. Utah v. Strieff, 579 U. S. _ .136 S. Ct. 2056 (2016).

在回应控方的论点时，斯特雷夫提出三个稀释因素，论证非法证据应当被排除的观点。首先是时间上的接近，逮捕令是在违宪的截停车辆开始几分钟后被发现的。其次，干预因素，没有不可预见的事件打破因果链。令状的发现是可以预见的，因为有数以百万计的令状存在，而法克雷尔也承认，对令状的检查是"正常的"。最后一个因素是逮捕的目的和恶意。根据法克雷尔承认的自己的调查目的以及他不知道斯特雷夫在房子里待了多久的情况，理智的警察应当意识到，逮捕缺乏合理的怀疑，而且正因为如此，法克雷尔不知道斯特里夫在他监视的房子里待了多久。❶

斯特雷夫争辩说，由于存在大量的未执行的逮捕令状，无论警察是否相信有未执行的令状存在，他们经常在没有合理理由的情况下而截停车辆，之后立即查验令状是否存在。斯特雷夫认为，排除证据将消除警察违反宪法的截停车辆并在此期间检查令状的动机，从而减少在全国普遍存在的非法截停并检查令状的数量。由此，斯特雷夫指出，排除证据将有助于保护个人的第四修正案权利，使其免受不合理的搜查和扣押的侵犯。❷

大法官托马斯（Thomas）撰写了判决意见，首席大法官罗伯茨、大法官肯尼迪、布雷耶和阿利托加入。大法官索托马约尔（Sotomayor）撰写了反对意见，大法官金斯伯格加入了其中的一部分。大法官卡根也撰写了一份反对意见，大法官金斯伯格加入。

大法官托马斯从第四修正案开始分析。第四修正案保护公

---

❶ Brief for Respondent, at 45–46. Utah v. Strieff, 579 U. S. _ , 136 S. Ct. 2056 (2016).

❷ Brief for Respondent, at 47–48. Utah v. Strieff, 579 U. S. _ , 136 S. Ct. 2056 (2016).

民"不受无理搜查和扣押"。对违反第四修正案的行为一般有两种补救办法。首先,如果警察的行为违反宪法,可以对警察提起民事起诉。其次,对于违反宪法的警察行为,一个更常见的补救办法是要求刑事案件的主审法官适用排除规则。排除规则"要求审判法院在刑事审判中排除非法获取的证据"。排除规则的目的是防止警察在执法过程中违反法律。关键的是,适用排除规则的好处必须超过法院应用该规则付出的巨大成本。❶托马斯引用哈德孙案的判决说,"一直以来,排除证据都是法院的最后手段,而非首选"。❷

大法官托马斯列举了美国联邦最高法院确认的非法证据排除规则的三种例外情形——独立来源原则、必然发现原则和稀释原则,它们都涉及违反宪法行为和获得的证据之间的因果关系。❸根据独立来源原则,在非法搜查中获得的证据,如果也是合法地从独立来源获得的,可以采纳。必然发现原则允许采纳非法获得的证据,如果它不可避免地会被以合法的方式发现。在稀释原则下,当违反宪法的行为与证据之间的联系被一种介入因素所打破并消除污点时,非法获得的证据可以被采纳。

美国联邦最高法院调卷令审理的核心问题是,就该案发生的情形,当警察在违宪截停车辆期间发现有效逮捕令时,稀释原则能否适用。初审法院和犹他州上诉法院认可了证据的可采性,其依据是他们对排除规则稀释例外的解释。❹然而,犹他州最高法院推翻了下级法院的判决,认为稀释原则不适用于该案,理由是美国联邦最高法院裁定只有在"涉及被告独立的自由意

---

❶ Utah v. Strieff, 579 U. S. _ , 136 S. Ct. 2056 (2016):2061.
❷ Hudson v. Michigan, 547 U. S. 586 (2006):591.
❸ Utah v. Strieff, 579 U. S. _ , 136 S. Ct. 2056 (2016):2062.
❹ State v. Strieff, 357 P. 3d 532 (Utah 2015):536, 537.

志行为"的情况下才适用该原则。❶这种独立的行为包括被告自愿认罪或同意搜查。未执行令状的发现与此类行为不同,它既不是由被告发起的,也不是被告独立的行为。此外,它是完全可以预见的、由截停车辆或逮捕引起的事件,因此不能被视为"被从主要的非法行为中移除"。犹他州最高法院表示,必然发现原则与该案有关,因为该案涉及两项平行的警察工作行为——截停车辆这一违反了第四修正案的行为以及执行尚未执行的逮捕令这一合法行为。但是,该原则要求,"无论是否进行非法搜查和扣押,合法调查的结果都不可避免地会产生"。尽管逮捕和附随于逮捕的搜查是合法的,但它们是非法拦截车辆的结果,论证获得证据的"必然性"是十分"困难的",因为"我们不能知道,当斯特雷夫最终被逮捕时,他是否正好持有违禁品"。❷

美国联邦美国联邦最高法院对犹他州最高法院的推理持反对意见。在代表多数派撰写判决意见时,大法官托马斯反驳了稀释原则限于被告的独立行为的观点。大法官托马斯运用布朗诉伊利诺伊州(Brown v. Illinois)案中列出的三个检验因素,论证是否能够在该案中适用稀释原则的问题。根据美国联邦最高法院在布朗案中做出的判决,稀释原则要求满足三个条件:非法取证行为与证据发现之间的"时间接近性","介入因素"的出现,警察不当行为的目的与恶性。❸

在分析第一个要素——非法取证行为和证据发现之间的时间接近时,托马斯认为,警察违法拦停与搜查斯特雷夫之间的

---

❶ State v. Strieff, 357 P. 3d 532 (Utah 2015):544-545.
❷ State v. Strieff, 357 P. 3d 532 (Utah 2015):544-546.
❸ Utah v. Strieff, 579 U. S. _ , 136 S. Ct. 2056 (2016):2064.

时间间隔很短，因而满足这一要求。警察在违法拦斯特雷夫几分钟后发现了毒品，如此短暂的间隔支持排除证据的结论。❶

对于争议较大的第二个要素——"介入因素"，大法官托马斯并没有花太多的笔墨论证。在该案中，有效的逮捕令是早于法克雷尔警官的调查就存在的，同时它与拦停行为没有任何关系。此外，逮捕令的签发这一事件发生在警察法克雷尔调查之前，与警察的调查行动完全无关。逮捕行为是独立地依照已经存在的逮捕令而进行的执法行为。在警察实施合法的逮捕之后，显然可以合法地进行附随于逮捕的搜查。❷

大法官卡根和索托马约尔在他们的异议中指出，该案的情况不符合稀释原则要求的"介入因素"，因为逮捕令不是消除非法截停车辆这一"污点"的独立的介入因素。

大法官索托马约尔将犹他案与经典的王森案进行了类比。在王森案中，一名几天前被非法逮捕的人自愿来到警察局认罪。虽然非法逮捕和招供之间有"若非"的因果关系，但警察并没有利用非法行为取得供述，法院因此认为被告的陈述可以作为证据。索托马约尔引用了王森案论证犹他案中的毒品证据应当被排除的原因。"我们认为，虽然违反第四修正案的行为并不会导致随后的每一项搜查都被污染，但它肯定会玷污利用这一违宪行为的执法行为。"布朗案中设定的三个要素区分了通过无害手段获得的证据和利用不当行为获得的证据。在犹他案中，警察违法拦停了斯特雷夫的车辆，之后立即去查验是否存在未执行的逮捕令。大法官索托马约尔认为，"逮捕令的发现并不是警察预料不到的意外情形。"她指出，犹他州的数据库中有超过18

---

❶ Utah v. Strieff, 579 U. S. ＿, 136 S. Ct. 2056 (2016): 2066.
❷ Utah v. Strieff, 579 U. S. ＿, 136 S. Ct. 2056 (2016): 2068.

万份轻罪逮捕令，而盐湖城县积压了大量未执行的逮捕令。警察法克雷尔自己也承认，拦停斯特雷夫的唯一目的是调查——他想知道房子里是否有毒品交易活动，所以，查验搜查令并非将拦截车辆与搜查毒品区分开来的"介入因素"，而是这位警官非法"寻找证据，希望能有所发现"的调查活动的重要组成部分。大法官索托马约尔的结论是，警察通过违宪拦截和搜查而发现的毒品证据应当被排除。❶

大法官卡根同意索托马约尔有关"介入因素"的观点。稀释原则的适用需要考虑是否存在介入因素，即是否有一个因素使得违法行为与发现的证据之间的因果关系的断裂。大法官卡根解释说，介入因素这一概念源自侵权法中的"近因"（proximate causation），在近因的分析中，"一种情况只有在不可预见的情况下才是介入因素。"她断言，在拦停期间查验搜查令是盐湖城的一个常规程序，而通常的拦停程序"在一定程度上是为了发现未执行的搜查令"。鉴于未执行的逮捕令的极大数量以及警方在截停时进行检查的例行程序，该案中的警察找到逮捕令的情况是完全可以预见的。大法官卡根得出结论说，该案并不存在合格的介入因素。❷

大法官托马斯在分析布朗案中的第三个因素——警官的行为是否有目的性和恶性——上花了最多的时间。这对多数派的观点来说是至关重要的，因为如果不存在这一因素，就不可能通过排除证据来制止警察的不当行为，因此也就没有排除证据的必要。❸

---

❶ Utah v. Strieff, 579 U. S. _ , 136 S. Ct. 2056（2016）：2069-2010.
❷ Utah v. Strieff, 579 U. S. _ , 136 S. Ct. 2056（2016）：2072.
❸ Utah v. Strieff, 579 U. S. _ , 136 S. Ct. 2056（2016）：2072-2014.

托马斯认为，警官法克雷尔在这起案件中的行为并非故意和公然的，他"最多是疏忽大意"，在拦停斯特雷夫方面犯了两个"善意的错误"。第一，他不知道斯特雷夫在这所房子里待了多久，所以他没有足够的理由断定斯特雷夫是个短期访客，可能与毒品交易有关。第二，因为他不能明确地判定斯特雷夫是短期的房客，他"应该问问斯特雷夫是否愿意和他交谈，而不是命令他这么做。"当然，大法官托马斯最终不得不承认，警察的拦停行为违反了第四修正案，但他辩称，这一违法并没有上升到明目张胆的地步。他指出，这些只是判断上的微小失误，不是对他人第四修正案权利的故意侵犯。而且，警察在错误的拦停之后实施的逮捕和搜查行为是合法的。❶

这里，托马斯对"善意"一词的使用值得注意。在排除规则的语境中，"善意"专指美国联邦最高法院在国家诉利昂案中建立的"善意例外"原则。但是，大法官托马斯把疏忽大意的错误等同于善意。利昂案的情况是，警察本身并没有从事任何不合理的行为，因此，法院的推理是，没有什么可以阻吓的违法行为。而犹他案的情况并非如此。根据"善意例外"的定义，警官法克雷尔这种完全非法的截停车辆行为是不合理的，这不是排除规则的"善意例外"原则的适用范围。

大法官索托马约尔对多数派该警察的非法行为定性为仅仅是疏忽大意，提出了异议。她认为，犹他案中警察的非法行为是蓄意的、有目的的，因为他"唯一的目的就是收集证据"。❷大法官卡根在异议中也指出，"法克雷尔对斯特雷夫的逮捕和搜查完全不是一个意外，而是一个没有什么正当理由的经过深思

---

❶ Utah v. Strieff, 579 U. S. _ , 136 S. Ct. 2056 (2016): 2074-2076.
❷ Utah v. Strieff, 579 U. S. _ , 136 S. Ct. 2056 (2016): 2076-2077.

熟虑的决定。"❶

大法官托马斯说，法克雷尔拦截斯特雷夫，实际上是为了查明在一所警察有合理依据怀疑有毒品活动的房子里发生了什么，所以这不是一次"毫无疑义的钓鱼实验"。因此，托马斯认为，警察的非法行为不是有意的或者公然的，因为没有证据表明该警察的行为是"系统性或经常性的不当行为"。也就是说，该案中的非法行为只是一个孤立的事件。❷

大法官索托马约尔反对上述观点。她指出，这个国家有780多万份未执行的逮捕令，大部分是针对一些轻微的违法行为，如未缴纳交通罚款、未出庭、宵禁或缓刑犯违反饮酒规定。警察可以而且确实是做到了毫无理由地使用这些未执行的逮捕令来拦停人们。她援引美国司法部的调查，大约93%的搜查令"会被认为没有明确的合理怀疑"。她认为，虽然大多数警察可能不是故意违反法律，但"这并不意味着拦停车辆只是个别的疏忽"。许多非法拦停实际上是制度化程序训练的结果，这种培训程序教会警察"先拦停车辆进行询问，然后再形成合理的怀疑"。❸

综合考虑若干因素，美国联邦最高法院认为，犹他案中争议的证据是可以采纳的，因为逮捕令充分地稀释了证据与非法拦停行为之间的关系，所以证据的发现受到了充分的削弱。虽然时间接近因素对被告有利，但这一因素产生的影响被其他两个因素所压倒。逮捕令是一个"完全独立"于非法拦截的介入因素，"迫使"法克雷尔警官逮捕了斯特雷夫。尤其重要的是，

---

❶ Utah v. Strieff, 579 U. S. _, 136 S. Ct. 2056（2016）: 2078.
❷ Utah v. Strieff, 579 U. S. _, 136 S. Ct. 2056（2016）: 2079.
❸ Utah v. Strieff, 579 U. S. _, 136 S. Ct. 2056（2016）: 2080.

该警官的不当行为"不是恶意的、非法的"。❶

在激烈的异议意见中，大法官索托马约尔指出了美国联邦最高法院的裁决的重大影响。她直截了当地向听众表明了自己的不同意见："今天的法院认为，发现一张未付停车罚单的逮捕令，将原谅警察侵犯了你的第四修正案权利。不要被这种观点的专业术语所蒙蔽；这种情况下，警察可以在街上拦住你，要求你出示身份证件，并检查是否有未执行的交通逮捕令——即使你没有做错任何事。如果警察发现你有忘记支付罚款的逮捕令，法庭就会原谅他的非法拦停行为，并采纳他在逮捕你之后对你进行搜查所发现的一切证据。"❷

对大法官索托马约尔这一疑虑，美国联邦最高法院似乎并没有给予足够的重视。大法官托马斯在其意见书接近结尾的一段中说，如果排除规则不适用于该案中的类似情况，警察"不太可能"进行拉网式搜索。因为这样的行为将使警察面临民事诉讼，而且，对于拉网式搜索行为，警察不当行为的目的与恶意的要素将会被考虑。❸

大法官卡根在她的异议中指出，美国联邦最高法院的判决意见对警察的引导是"令人遗憾的"，"实际上是在鼓励他们做与法克雷尔相同的事"。她认为，美国联邦最高法院没有考虑其裁决的影响，犹他案的判决与最高法院所主张的排除规则的目的背道而驰。大法官卡根同意多数派关于威慑理论是这项规则的目的的看法。在犹他案的情况下，排除证据恰恰可以达到威慑警察违法的效果，但是，美国联邦最高法院的裁决将产生相

---

❶ Utah v. Strieff, 579 U. S. _ , 136 S. Ct. 2056（2016）：2082.
❷ Utah v. Strieff, 579 U. S. _ , 136 S. Ct. 2056（2016）：2084.
❸ Utah v. Strieff, 579 U. S. _ , 136 S. Ct. 2056（2016）：2082.

反的结果。只要被非法拦停的人是数以百万计未执行逮捕令的人中的一员,在非法拦截中发现的任何证据现在都可以在刑事诉讼中使用。因此,官员违反第四修正案的动机增加了,现在他们即使没有合理怀疑也可以拦停行人,并获得潜在的收益。❶

大法官索托马约尔的异议更为明确,她直接将非法拦停行为、采纳非法证据以及警察与社区之间的关系联系起来,对多数派的观点展开了全面的批评。"警察可以以任何他想要的理由拦停一个人,只要他能在事后找到一个可以托词的理由。这个理由可能会与种族、住所、衣着举止等相关。警察甚至不需要知道你违反了什么法律,如果他后来能够基于任何可能的违法行为——即使是轻微的、无关的或含混不清的违法行为为他的拦停行为辩护的话。此外,警察可能要求你同意搜查,但并不告诉你有权拒绝。如果他认为你很危险,他可以对你搜身。如果你犯了轻微的罪行,例如开车不系安全带,他可以把你铐起来送进监狱。在监狱里,警察可以为你提取指纹,提取 DNA,然后用除虱剂给你洗澡。你的逮捕记录将使你遭受雇主、房东以及任何对你进行背景审查的人剥夺公民权利式的歧视。"❷

在有力地陈述了违法拦停车辆的后果之后,大法官索托马约尔指出,该案涉及没有合理怀疑就拦停车辆的行为,警官在没有正当理由的情况下引发了一系列事件。同时,有色人种受到这类非法拦停行为的侵犯的概率更高。索托马约尔用强硬的语言论述了美国联邦最高法院在该案中的裁决如何使这种非法行为合法化,并告知大家,"你的身体会受到侵犯,而法院会为

---

❶ Utah v. Strieff, 579 U. S. _ , 136 S. Ct. 2056(2016):2086.
❷ Utah v. Strieff, 579 U. S. _ , 136 S. Ct. 2056(2016):2088.

侵犯你权利的人开脱。"❶

在大法官索托马约尔看来,美国联邦最高法院的裁决带来的后果是非常现实的。在口头陈述中,她指出,"如果公众不喜欢警察无缘无故地拦阻你,他们就会阻止这件事。"❷她在其异议意见中解释说,非法行为不仅伤害直接受害者,而且伤害"我们所有人"。她说,被警察盯上的人是"煤矿里的金丝雀",他们告诉我们,非法警察拦截"腐蚀我们所有的公民自由,威胁我们所有的生命"。值得注意的是,大法官索托马约尔用"我不同意"来结束她的异议,略去了传统的"尊重"一词。❸

鉴于美国联邦最高法院在过去的十多年里一直在朝着削减非法证据排除规则的方向发展,犹他案的判决对许多人来说并不意外。在该案中,美国联邦最高法院进一步打击了非法证据排除规则。虽然它声称该案适用现有的稀释理论,但事实上,它对该原则做出了一种新的、广泛的解读,因为美国联邦最高法院裁决,通过非法截停而发现的一项未执行的搜查令是有效的介入因素,能够消解警察违宪行为的污点。美国联邦最高法院将警察的蓄意不当行为定性为"善意疏忽",因此不是"有目的和恶意的"非法行为,这进一步表明,美国联邦最高法院扩大非法证据排除规则的例外情况并限制该规则的适用的意图。法院没有完全取消排除规则,但是它在犹他案中作出的裁决表明,该规则正在慢慢地因磨损而消亡。许多人认为,犹他案的判决消除了对违反宪法的警察行为的最好的威慑,将允许更多的拥有未执行逮捕令的人以逮捕为目的的无可疑理由的截停

---

❶ Utah v. Strieff, 579 U. S. _ , 136 S. Ct. 2056(2016):2090.
❷ Utah v. Strieff, 579 U. S. _ , 136 S. Ct. 2056(2016):2092.
❸ Utah v. Strieff, 579 U. S. _ , 136 S. Ct. 2056(2016):2094.

行为。[1]

在阅读了犹他案的判决书后,索托马约尔的异议意见会长久保留在人们的脑海中。她理解这个案子的背景,每天在这个国家发生多次例行的截停和搜查,这使得美国联邦最高法院对排除规则的限制显得特别重要。她坚持将第四修正案建立在公众经验的现实基础之上,并呼吁人们认识到警察越权和司法宽恕对公民的影响。

---

[1] Utah v. Strieff-Leading Cases [J]. Harv. L. Rev., 2016 (130): 346.

结语　何去何从——非法证据排除规则的迷茫前途

美国宪法第四修正案保护人民免受无理搜查和扣押的权利。基于第四修正案的要求，警察在搜查公民住宅时必须获得合法有效的搜查令。但是，第四修正案没有包含任何语言来解释如何实现这项权利。那么，根据第四修正案的规定，当警察以违反宪法的手段获取证据时，所得到的证据不会被排除。

警察侵犯公民第四修正案权利取得证据后，这类证据该如何处理？在1886年博伊德案中，美国联邦最高法院第一次回答了这个问题。大法官布拉德利在为最高法院撰写的意见书中指出，初审法院的命令违反了第四修正案和第五修正案，因而警察所得的证据不具有可采性。❶ 博伊德案的判决为非法证据排除规则的宏伟前途奠定了基础。在1914年威克斯案中，美国联邦最高法院明确表示，非法证据排除规则是第四修正案的必要补充，没有这一规则，第四修正案就会形同具文。❷

1961年，美国联邦最高法院在马普案中宣布，所有州和联

---

❶ Boyd v. United States, 116 U. S. 616 (1886).
❷ Weeks v. United States, 232 U. S. 383 (1914)：393

邦法院都必须排除非法证据，这是宪法的要求。[1] 在马普案之前，各州可以通过排除证据之外的其他方式自由地执行第四修正案。由此，马普案确立了一项广泛的要求，即违宪获得的证据必须被排除。

多年来，排除规则背后的理论支撑发生了变化，由被告人的个人权利演变为旨在制止警察不当行为的公众权利。[2] 开始时，美国联邦最高法院为排除规则的确立提出两个主要理由。在特里诉俄亥俄州（Terry v. Ohio）案中，最高法院承认，排除规则的"主要目的是威慑作用，是阻止无法无天的警察行为的主要方式"。除威慑外，最高法院还指出了排除规则的"另一个重要功能"，即"维护司法诚信"。[3] 因此，排除规则最初起到了威慑警察不端行为和维护刑事诉讼制度诚信廉洁的双重作用。

然而，在接下来的几十年里，对警察违法行为的威慑最终成为适用排除规则的主要理由。在斯通诉鲍威尔案中，美国联邦最高法院说，在决定是否在特定情况下适用排除规则时，司法的廉洁性只起到有限的作用。[4] 在贾尼斯（United States v. Janis）案中，最高法院声明，威慑警察违法是"该规则的主要目的，如果不是唯一目的的话"。[5] 与此同时，最高法院对排除规则的威慑目标进行了评估，并强调该规则并非来自宪法的授权，而是由司法创制的。正如最高法院所说，排除规则是"一种司法创造的补救措施，旨在通过其威慑作用保护第四修正

---

[1] Mapp v. Ohio, 367 U. S. 643 (1961): 654-655.
[2] Eugene Milhizer. The Exclusionary Rule Lottery [J]. U. Tol. L. Rev., 2008 (39): 755, 756.
[3] Terry v. Ohio, 392 U. S. 1 (1968).
[4] Stone v. Powell, 428 U. S. 465 (1976): 485.
[5] United States v. Janis, 428 U. S. 433 (1976): 446.

案的权利,而不是受侵害一方的一项宪法权利"。❶ 这样,排除规则被认为是"美国联邦最高法院基于功利主义制定的政策倡议"。❷

随着关于排除非法证据的正当性的解读越来越趋向于威慑警察违法这一价值取向,该规则的适用逐渐受到一些限制,并且出现越来越多的例外规则。以违宪方式搜查扣押的证据只有在刑事审判程序中才会被排除,这样,排除规则的适用就受到了若干程序方面的限制。美国联邦最高法院认为,在大陪审团程序中使用违宪的证据不违背第四修正案的要求。❸ 同样,在下列程序中,非法证据可以使用:假释撤销听证程序、❹ 驱逐出境的听证程序、❺ 税务局提起的民事诉讼、❻ 人身保护令程序。❼

善意的例外是对非法证据规影响最深远的例外规则,它最终可能会将排除规则吞噬掉。❽ 1984 年,美国联邦最高法院承认了被称为"善意例外"的规则,即在警察合理地依赖授权的情况下违法获取的证据不适用于第四修正案的排除规则适。美国联邦最高法院认为,在案件的特定情况下,可以"稍微修改"排除规则。警察对法官签发搜查令状的理由的依赖在客观上是

---

❶ Rakas v. Illinois, 439 U. S. 128 (1978): 134.

❷ Eugene Milhizer. The Exclusionary Rule Lottery [J]. U. Tol. L. Rev., 2008 (39): 757.

❸ United States v. Calandra, 414 U. S. 338 (1974): 348.

❹ Penn. Bd. of Prob. & Parole v. Scott, 524 U. S. 357 (1998).

❺ INS v. Lopez-Mendoza, 468 U. S. 1032 (1984).

❻ United States v. Janis, 428 U. S. 433 (1976).

❼ Stone v. Powell, 428 U. S. 465 (1976).

❽ Matthew A. Josephson. To Exclude Or Not To Exclude: The Future of The Exclusionary Rule After Herring v. United States, Creighton [J]. Law Review, 2007 (43): 181.

合理的，因此时适用极端排除的制裁是不恰当的，因此证据是可以被采纳的。❶

证据排除规则只是一个法官制定的规则，设计该规则的主要目的是阻吓警察的违法行为，这种观点带来的结果是，法院在决定是否排除非法获得的证据时依据成本效益分析，往往会作出有利于控方的裁决。❷

在过去的十多年中，美国联邦最高法院对非法证据排除规则发起了持续地攻击，已经将排除规则的适用范围缩小到"仅适用于那些警察的不当行为是故意、鲁莽或严重疏忽的案件"。在哈德孙案中，最高法院宣布，排除规则永远不适用于违反第四修正案中敲门并宣告规则的违法行为。❸ 接着，在赫林案❹和戴维斯案❺中，最高法院对非法证据排除规则进行了更进一步的打击，提出了一种基于罪责考虑的新排除证据的理论。这样，当出现一项明确的违反第四修正案的行为时，首先要对执法人员的行为加以审查，如果没有足够的"罪责"，违法行为所获的证据不就需要被排除。

最终，美国联邦最高法院决定继续缩小排除规则的范围。在2016年犹他案❻中，最高法院的裁决扩大了稀释原则的范

---

❶ United States v. Leon 468 U. S. 897（1984）：902.
❷ United States v. Jones，523 F. 3d 31（1st Cir, 2005）.
❸ Hudson v. Michigan，547 U. S. 586（2006）：595.
❹ Herring v. United States，129 S. Ct. 695（2009）：707.
❺ Davis v. United States，131 S. Ct. 2419（2011）.
❻ Utah v. Strieff，136 S. Ct. 2056（2016）.

围,❶这完全符合美国联邦最高法院通过扩大排除规则的例外原则来限制该规则的影响和效果的主流趋势。❷这种情况将导致排除规则进一步的贬值。

美国联邦最高法院已经在对非法证据排除规则的实施问题进行"重新评估"。法院的意图似乎表明,当它受理一个涉及违法搜查和没收的案件时,一般会作出排除规则不适用的裁决,除非有证据证明警察的行为是故意为之或者十分恶劣的。如果出现这种情况,排除规则和第四修正案的保护将不再发挥实质性作用重要。❸

在美国,非法证据排除规则似乎"奄奄一息"。最近的若干判例表明,美国联邦最高法院不会很快推翻马普案的裁决,原因是一系列的例外和限制原则已经将该规则打压得喘不过气来,在这种环境下正式废除排除规则就没有必要了。

美国联邦最高法院采用新规则来限制非法证据排除规则的适用,并将现有排除规则的例外扩展到理性的限度之外,这对排除规则的未来提出了一个重要的问题:美国联邦最高法院把非法证据排除规则变成非法证据排除的例外规则了吗?

---

❶ Christopher D. Totten. Utah v. Strieff: The Continued Erosion of the Exclusionay Rule and Fourth Amendment Protections by the United States Supreme Court [J]. Crim. L. Bull., 2016 (58): 1742, 1743.

❷ Zack Gong, Comment. Utah v. Strieff and the Future of the Exceptions to the Exclusionay Rule [J]. Duke Journal of Constitutional Law & Public Policy Sidebar, 2016 (20): 291, 301.

❸ Tracey Maclin, Jennifer Rader. No More Chipping Away: The Roberts Court Uses an Axe to Take out the Fourth Amendment Exclusionary Rule [J]. Miss. L. J., 2012 (81): 1186.

参考文献

一、中文专著

[1] 陈瑞华. 比较刑事诉讼法［M］. 北京：中国人民大学出版社，2010.

[2] 陈瑞华. 刑事证据法学［M］. 北京：北京大学出版社，2012.

[3] 郭志媛. 刑事证据可采性研究［M］. 北京：中国人民公安大学出版社，2004.

[4] 何家弘，等. 外国证据法选译［M］. 北京：人民法院出版社，2000.

[5] 何家弘. 外国证据法［M］. 北京：法律出版社，2003.

[6] 廖永安，［美］安德森. 对话与交融——中美证据法论丛［M］. 湘潭：湘潭大学出版社出版，2011.

[7] 林辉煌. 论证据排除——美国法之理论与实务［M］. 台北：元照出版公司，2003.

[8] 林喜芬. 非法证据排除规则：话语解魅与制度构筑［M］. 北京：中国人民公安大学出版社，2008.

［9］ 马跃. 美国刑事司法制度［M］. 北京：中国政法大学出版社，2004.

［10］ 齐树洁. 美国证据法专论［M］. 厦门：厦门大学出版社，2011.

［11］ 宋冰. 读本：美国与德国的司法制度及司法程序［M］. 北京：中国政法大学出版社，1998.

二、中文译著

［1］ ［美］爱伦·豪切斯，泰勒·斯黛丽，南希·弗兰克. 美国刑事法院诉讼程序［M］. 陈卫东，等译. 北京：中国人民大学出版社，2002.

［2］ ［美］罗纳尔多·V. 戴尔卡门. 美国刑事诉讼法——法律和实践［M］. 张鸿巍，等译. 武汉：武汉大学出版社，2006.

［3］ ［美］乔恩·R. 华尔兹. 刑事证据大全［M］. 2版. 何家弘，等译. 北京：中国人民公安大学出版社，2004.

［4］ ［美］罗纳德·J. 艾伦，理查德·B. 库恩斯，埃莉诺·斯威夫特. 证据法：文本、问题和案例［M］. 3版. 张保生，王进喜，赵滢，译. 北京：高等教育出版社，2006.

［5］ ［美］约翰·W. 斯特龙. 麦考密克论证据［M］. 5版. 汤维建，等译. 北京：中国政法大学出版社，2004.

［6］ ［美］约书亚·德雷斯勒，艾伦·C. 迈克尔斯. 美国

刑事诉讼法精解 [M]. 吴宏耀, 魏晓娜, 译. 北京: 北京大学出版社, 2009.
[7] [美] 理查德·A. 波斯纳. 证据法的经济分析 [M]. 徐昕, 徐昀, 译. 北京: 中国法制出版社, 2001.
[8] [美] 理查德·A. 波斯纳. 法律的经济分析 [M]. 蒋兆康, 译. 北京: 中国大百科全书出版社, 1997.
[9] [美] 德沃金. 认真对待权利 [M]. 信春鹰, 等译. 北京: 中国大百科全书出版社, 1998.
[10] [美] 米尔伊安·R. 达玛什卡. 司法和国家权力的多种面孔——比较视野中的法律程序 [M]. 郑戈, 译. 北京: 中国政法大学出版社, 2004.
[11] [美] 伟恩·R. 拉费弗, 杰罗德·H. 伊斯雷尔, 南西·J. 金. 刑事诉讼法 [M]. 卞建林, 沙丽金, 等译. 北京: 中国政法大学出版社, 2003.
[12] 美国联邦刑事诉讼规则和证据规则 [M]. 卞建林, 译. 北京: 中国政法大学出版社, 1996.
[13] 美国联邦宪法第四修正案:非法证据排除规则 [M]. 吴宏耀, 等译. 北京: 中国人民公安大学出版社, 2010.

三、英文专著

[1] Bloom, Robert. Criminal Procedure: The Constitution and the Police [M]. 8th ed. Wolters Kluwer, 2015.
[2] Dressler, Joshua. Understanding Criminal Procedure (Volume1: Investigation) [M]. Matthew Bender Company

Inc., 2006.

[3] Emanuel, Steven L. Evidence [M]. 4th ed. Aspen Publishers Online, 2007.

[4] Israel, Jerold, Kamisar, et al. Criminal Procedure and the Constitution, Leading Supreme Court Cases and Introductory Text [M]. West Academic Publishing, 2018.

[5] Johnson, Herbert A. History of Criminal Justice [M]. Anderson Publishing Co., 1988.

[6] LaFave, Wayne R. Search and Seizure: A Treatise on the Fourth Amendment [M]. 5th ed. West Pub. Co., 2015.

[7] Land Mark Publications. Exclusionary Rule Good Faith Exceptions [M]. Independently published, 2017.

[8] Long, Carolyn N. Mapp v. Ohio: Guarding Against Unreasonable Searches and Seizures [M]. Univ Pr of Kansas, 2006.

[9] Maltz, Earl M. The Chief Justiceship of Warren Burger 1969-1986 [M]. University of South Carolina Press, 2000.

[10] Murphy, Bruce Allen. The Brandeis/Frankfurter Connection: The Secret Political Activities of Two Supreme Court Justices [M]. Anchor Books, 1982.

[11] Schwartz, Bernard. The Ascent of Pragmatism: The Burger Court in Action [M]. Addison-Wesley, 1990.

[12] Signorelli, Walter P. The Constable Has Blundered: The Exclusionary Rule, Crime, and Corruption [M]. Carolina Academic Press, 2011.

[13] Silverstein, Mark. Constitutional Faiths: Felix Frankfurter, Hugo Black, and the Process of Judicial Decision Making

[M]. Cornell Univ Pr, 1984.

[14] Simon, James F. The Antagonists: Hugo Black, Felix Frankfurter and Civil Liberties in Modern America [M]. Simon & Schuster, 1989.

[15] Sprack,John. Emmins on Criminal Procedure [M]. Black stone Press Ltd., 2000.

[16] Starr., Kenneth W.First Among Equals: The Supreme Court in American Life [M]. Grand Central Publishing, 2003.

[17] Steury,Ellen Hochstedler. Criminal Court Process [M]. West Publishing Co., 1996.

[18] Strong, John William. McCormick on Evidence [M]. 5th ed. West Group, 1999.

[19] Tracey Maclin. The Supreme Court and the Fourth Amendment's Exclusionary Rule [M]. Oxford University Press, 2013.

[20] Uglow Steve. Criminal Justice [M].Sweet & Maxwell, 1995.

四、英文论文

[1] Allen, Francis A. Due Process and State Criminal Procedures: Another Look [J]. Nw. U. L. Rev., 1953 (48).

[2] Albert W.Herring v.United States: A Minnow or a Shark? [J]. Ohio St. J. Crim. L., 2009 (7).

[3] Alschuler, Albert W. The Exclusionary Rule and Causation: Hudson v. Michigan and Its Ancestors [J]. Iowa L. Rev., 2008 (93).

[4] Beale,Sara Sun. Reconsidering Supervisory Power in Crim-

inal Cases: Constitutional and Statutory Limits on the Authority of the Federal Courts [J]. Colum. L. Rev., 1984 (84).

[5] Black's Law Dictionary[Z]. 10th ed.Thomson West, 2014.

[6] Bloom, Robert M. Inevitable Discovery: An Exception Beyond the Fruits [J]. Am. J. Crim. L., 1992 (20).

[7] Bradley, Craig M. Reconceiving the Fourth Amendment and the Exclusionary Rule [J]. Law & Contemp Probs., 2010 (Winter).

[8] Bradley, Craig M. The "Good Faith Exception" Cases: Reasonable Exercises in Futility [J]. Ind. L. J., 1985 (60).

[9] Bradley, Gerard V. Present at the Creation? A Critical Guide to Weeks v. United States and its Progeny [J]. St. Louis U. L. J., 1986 (30).

[10] Bradley, Craig. Symposium on the Fortieth Anniversary of Mapp v. Ohio: Mapp Goes Abroad [J]. CASE W. RES. L. REv., 2001 (52).

[11] Brent, Audrey S. Illegally Obtained Evidence: A Historical and Comparative Analysis [J]. Sask. Rev., 1983 (48).

[12] Burkoff, John M. The Court that Devoured the Fourth Amendment: The Triumph of an Inconsistent Exclusionary Doctrine [J]. Or.L.Rev., 1979 (58).

[13] Canon, Bradley C. Is the Exclusionary Rule in Failing Health? Some New Data and a Plea Against a Precipitous Conclusion [J]. Ky. L. J., 1974 (62).

[14] Clancy, Thomas K. The Irrelevancy of the Fourth Amendment in the Roberts Court [J]. Chi. -Kent L. Rev., 2010 (85).

[15] Cloud, Morgan. Rights Without Remedies: The Court That Cried "Wolf" [J]. Miss. L. J., 2007 (77).

[16] Cloud, Morgan. The Fourth Amendment During the Lochner Era: Privacy, Property, and Liberty in Constitutional Theory [J]. Stan. L. Rev., 1996 (48).

[17] Colb, Sherry F. Standing Room Only: Why Fourth Amendment Exclusion and Standing Can No Longer Logically Coexist [J]. Cardozo L. Rev., 2007 (28).

[18] Comment, Edward S. Judicial Control of Illegal Search and Seizure [J]. Yale L. J., 1948 (58).

[19] Corwin, Edward S. The Supreme Court's Construction of the Self-Incrimination Clause [J]. Mich. L. Rev., 1930 (29).

[20] Crocker, Lawrence. Can the Exclusionary Rule Be Saved? [J]. Crim. L. & Criminology, 1993 (310).

[21] Davies, Sharon L., Anna B. Scanlon. Katz in the Age of Hudson v. Michigan: Some Thoughts on "Suppression as a Last Resort" [J]. U. C. Davis L. Rev., 2008 (41).

[22] Davies, Thomas Y. A Hard Look at What We Know (and Still Need to Learn) About the "Costs" of the Exclusionary Rule: The NIJ Study and Other Studies of "Lost" Arrests [J]. Am. B. Found. Res. J., 1983 (16).

[23] Davies, Thomas Y. An Account of Mapp v. Ohio That

Misses the Larger Exclusionary Rule Story [J]. Ohio St. J. Crim. L., 2007 (4).

[24] Dershowitz, Alan M., John Hart Ely. Comment, Harris v. New York: Some Anxious Observations on the Candor and Logic of the Emerging Nixon Majority [J]. Yale L. J., 1971 (80).

[25] Doherty, D. The End of an Era: The Exclusionary Debate Under Herring v. United States [J]. HOFSTRA L. REv., 2009 (37).

[26] Dorin, Dennis D. Marshaling Mapp: Justice Tom Clark's Role in Mapp v. Ohio's Extension of the Exclusionary Rule to State Searches and Seizures [J]. Case W. Res. L.Rev., 2001 (52).

[27] Dressler, Joshua. A Lesson in Incaution, Overwork, and Fatigue: The Judicial Miscraftsmanship of Segura v. United States [J]. Wm. & Mary L. Rev., 1985 (26).

[28] Dripps, Donald. The Fourth Amendment, the Exclusionary Rule, and the Roberts Court: Normative and Empirical Dimensions of the Over-Deterrence Hypothesis [J]. Chi. -Kent L.Rev., 2010 (85).

[29] Dripps, Donald A. Perspectives on the Fourth Amendment Forty Years Later: Toward the Realization of an Inclusive Regulatory Model [J]. MINN. L. REV., 2016 (100).

[30] Duke, Steven. Making Leon Worse [J]. Yale L. J., 1986 (95).

[31] Fisher, Jeffrey L. Reclaiming Criminal Procedure [J]. GEO. L. J. ANN. REV. CRIM. PROC., 2009 (38).

[32] Garland, Andrea. Utah at the United States Supreme Court Without Scalia [J]. Utah B. J., 2016 (29).

[33] Haddad, James B. "Retroactivity Should Be Rethought": A Call for the End of the Linkletter Doctrine [J]. J. Crim.L.Criminology & Police Sci., 1969 (60).

[34] Harmon, Rachel A. The Problem of Policing [J]. MICH. L.REV., 2012 (110).

[35] Herrera, Marcos. The Exclusionary Rule and the Dueling Legacies of Utah v. Streiff: Which Will Be Suppressed [J]. St. Mary's L. J., 2017 (48).

[36] Hilton, Alicia M. Alternatives to The Exclusionary Rule after Hudson v. Michigan: Preeveting and Remedying Police Misconduct [J]. Villanova Law Review, 2008 (53).

[37] Hughes, Graham. English Criminal Justice: Is It Better than Ours? [J]. Ariz. L. Rev., 1984 (26).

[38] Jeffries, John C., Jr., George A. Rutherglen. Structural Reform Revisited [J]. Calif. L. Rev., 2007 (95).

[39] Kainen, James L. The Impeachment Exception to the Exclusionary Rules: Policies, Principles, and Politics [J]. Stan. L. Rev., 1992 (44).

[40] Kamisar, Yale. Does (Did) (Should) the Exclusionary Rule Rest on a "Principled Basis" Rather Than an "Empirical Proposition"? [J]. Creighton L. Rev., 1983 (16).

[41] Kaplan, John. The Limits of the Exclusionary Rule [J]. Stan. L. Rev., 1974 (26).

[42] Killian, Bobhi J. United States v. Crews: Fruit of the Poisonous Tree – A New Wrinkle [J]. Idaho L. Rev., 1982 (18).

[43] LaFave, Wayne R. "The Seductive Call of Expediency": United States v. Leon a Fave, Wayne R., The Smell of Herring: A Critique of the Supreme Court's Latest Assault on the Exclusionary Rule [J]. J. Crim. L. & Criminology, 2009 (99).

[44] LaFave, Wayne R. Recent Development: The Smell of Herring: A Critique of the Supreme Court's Latest Assault on the Exclusionary Rule [J]. J. CRIM. L. & CRIMINOLOGY, 2009 (99).

[45] Lain, Corinna B. Hero or Zero? Rethinking the Warren Court's Role in the Criminal Procedure Revolution [J]. U. PA. L. REV., 2004 (152).

[46] Landynski, Jacob W. In Search of Justice Black's Fourth Amendment [J]. Fordham L. Rev., 1976 (45).

[47] Levinson, Daryl J. Making Government Pay: Markets, Politics, and the Allocation of Constitutional Costs [J]. U. CHI. L. REV., 2000 (67).

[48] Macdougall, Donald V. The Exclusionary Rule and Its Alternatives: Remedies for Constitutional Violations in Canada and the United States [J]. Journal of Criminal Law and Criminology, 1973 (76).

[49] Macfarlane, Katherine A. Prdicting Utah v., Streiff's

Civil Rights Impact [J]. YALE L. J.F., 2016 (26).

[50] Maguire, Robert F. How to Unpoison the Fruit, The Fourth Amendment and the Exclusionary Rule [J]. J. Crim. L. Criminology & Police Sci., 1964 (55).

[51] Mathias, Charles McC. Jr. The Exclusionary Rule Revisited [J]. Loy. L. Rev., 1982 (28).

[52] Meltzer, Daniel J. Harmless Error and Constitutional Remedies [J]. U. Chi. L. Rev., 1994 (61).

[53] Mertens, William J., Silas Wasserstrom. The Good Faith Exception to the Exclusionary Rule: Deregulating the Police and Derailing the Law [J]. Geo. L. J., 1981 (70).

[54] Monaghan, Henry P. Foreword: Constitutional Common Law [J]. Harv. L. Rev., 1975 (89).

[55] Moran, David A. Hanging on by a Thread: The Exclusionary Rule (Or What's Left of It) Lives for Another Day [J]. Ohio St. J. Crim. L., 2011 (9).

[56] Moran, David A. The End of the Exclusionary Rule, Among Other Things: The Roberts Court Takes on the Fourth Amendment [J]. Cato Sup. Ct. Rev., 2006 (38).

[57] Moran, David A. Waiting for the Other Shoe: Hudson and the Precarious State of Mapp [J]. Iowa L. Rev., 2008 (39).

[58] Morris, Arval A. The Exclusionary Rule, Deterrence, and Posner's Economic Analysis of Law [J]. Wash. L. Rev., 1982 (37).

[59] Mulqueen, Matthew S. Note, Rethinking the Role of the

Exclusionary Rule in Removal Proceedings [J]. St. John's L. Rev., 2008 (28).

[60] Naughton, Laurence. Taking Back Our Streets: Attempts in the 104th Congress to Reform the Exclusionary Rule [J]. B. C. L. Rev., 1996 (25).

[61] Oakes, James L. The Proper Role of the Federal Courts in Enforcing the Bill of Rights [J]. N. Y. U. L. Rev., 1979 (45).

[62] Oaks, Dallin H. Studying the Exclusionary Rule in Search and Seizure [J]. U. Chi. L. Rev., 1970 (37).

[63] Orfield, Myron W. The Exclusionary Rule and Deterrence: An Empirical Study of Chicago Narcotics Officers [J]. U. Chi. L. Rev. 1987 (26).

[64] Ristroph, Alice. Regulation or Resistance? A Counter-Narrative of Constitutional Criminal Procedure [J]. B. U. L. REV., 2015 (59).

[65] Sack, Emily J. Illegal Stops and the Exclusionary Rule: The Rule of Consequences of Utah v. Streiff [J]. Roger Williams U. L. Rev., 2017 (22).

[66] Schrock, Thomas S., Robert C. Welsh. Up from Calandra: The Exclusionary Rule as a Constitutional Requirement [J]. Minn. L. Rev., 1974 (39).

[67] Schwartz, Joanna C. Police Indemnification [J]. N. Y. U. L. REV., 2014 (28).

[68] Scott, Austin W., Jr. Criminal Jurisdiction of a State Over a Defendant Based Upon Presence Secured by Force or Fraud [J]. Minn. L. Rev., 1953 (37).

[69] Seidman, Louis Michael. Factual Guilt and the Burger Court: An Examination of Continuity and Change in Criminal Procedure [J]. Colum. L. Rev., 1980 (80).

[70] Slobogin, Christopher. The Poverty Exception to the Fourth Amendment [J]. Fla. L. Rev., 2003 (55).

[71] Slobogin, Christopher. Why Liberals Should Chuck the Exclusionary Rule [J]. U. Ill. L. Rev., 1999 (33).

[72] Spiotto, James E. The Search and Seizure Problem——Two Approaches: the Canadian Tort Remedy and the U.S.Exclusionary Rule [J]. J. Police Sci. & Admin, 1973 (36).

[73] Steiker, Carol S. Second Thoughts About First Principles [J]. Harv. L. Rev., 1994 (107).

[74] Stewart, Potter. The Road to Mapp v. Ohio and Beyond: The Origins, Development and Future of the Exclusionary Rule in Search-and-Seizure Cases [J]. Colum. L. Rev., 1983: (36).

[75] Sundby, Scott E. The Reasonable Doubt Rule and the Meaning of Innocence [J]. HASTINGS L. J., 1989 (40).

[76] Sundby, Scott E. Lucy B. Ricca. The Majestic and the Mundane: The Two Creation Stories of the Exclusionary Rule [J]. Tex. Tech L. Rev., 2010 (43).

[77] Thomas, George C. Mapp v. Ohio: Doomed from the Beginning? [J]. OHIO ST. J. CRIM. L., 2014 (12).

[78] Topham, Roger.Attenuated Deterrence: How the Supreme Court Broke the Causal Chain between Illegal Policing and

Evidence Exclusion [J]. Tex. J. on C. L. & C. R., 2017 (22).

[79] Totten, Christopher D. The Continued Erosion of the Exclusionay Rule and Fourth Amendment Protections by the United States Supreme Court [J]. CRIM. L. BULL., 2016 (28).

[80] Willey, Malcolm R. The Exclusionary Rule: Costs and Viable Alternatives [J]. Criminal Justice Ethics, 1982 (16).

[81] Williams, Grefory Howard. The Exclusionary Rule: An alternative Proposal [J]. Cap. U. L. Rev, 1994 (29).

[82] Yackle, Larry. The Burger Court and the Fourth Amendment [J]. U. Kan. L. Rev., 1978 (26).

[83] Zack Gong. Comment, The Future of the Exceptions to the Exclusionay Rue [J]. DUKE J. CONST. L. & PUB. POL'Y SIDEBAR, 2016 (31).

[84] Bradley, Craig M. The Exclusionary Rule in Germany [J]. Harv. L. Rev. 1983 (32).

[85] Edwards, Richard A. Standing to Suppress Unreasonably Seized Evidence [J]. Nw. U. L. Rev., 1952 (47).

五、判例

[1] Acosta, United States v., 502 F.3d 54 (2nd Cir.2005Z).
[2] Adams v. New York, 192 U. S. 585 (1904).

[3] People v. Adams, 176 N. Y. 351 (1903).
[4] Ankeny, United States v., 502 F. 3d 829 (9th Cir.2001).
[5] Arizona v. Evans, 514 U. S. 1 (1995).
[6] Arizona v. Ganta, 556 U. S. 332 (2009).
[7] Banks, United States v., 540 U. S. 31 (2003).
[8] Barron v. Baltimore, 32 U.S. (7 Pet.) 243, 8 L.Ed.672 (1833).
[9] New York v. Belton, 453 U. S. 454 (1980).
[10] Boyd v. United States, 116 U. S. 616 (1886).
[11] Brinegar v. United States, 338 U. S. (1949).
[12] Brown v. Illinois, 422 U. S. 590 (1975).
[13] Brown v. Mississippi, 297 U. S. 278 (1936).
[14] Brown v.United States, 375 F.2d 310 (D.C.Cir.1966).
[15] Brown v. United States, 411 U. S.223 (1973).
[16] People v. Brown, 307 N. E. 2d 356 (Ill.1974).
[17] People v. Cahan, 44 Cal. 2d (1955).
[18] United States v. Calandra, 414 U. S. 338 (1974).
[19] United States v. Cantu, 230 F. 3d 148 (5th Cir.2000).
[20] United States v. Cazares-Olivas, 515 F. 3d 726 (7th Cir.2008).
[21] Coolidge v. New Hampshire, 403 U. S. 443 (1971).
[22] Davis v. Mississippi, 394 U. S. 721 (1969).
[23] Davis v. United States, 131 S. Ct. 2419 (2011).
[24] Davis v. United States, 328 U. S. 582 (1946).
[25] People v. Defore, 242 N. Y. 13 (1926).
[26] United States v. Dice, 200 F. 3d 978 (6th Cir. 2000).
[27] Elkins v. United States, 364 U. S. 206 (1960).

[28] United States v. Farias-Gonzalez, 556 F. 3d 1181 (2008).
[29] Flagg v. United States, 233 F. 481 (2d Cir. 1916).
[30] Tennessee v. Garner, 471 U. S. 1 (1985).
[31] Gouled v. United States, 255 U. S. 298 (1921).
[32] United States v. Gray, 491 F. 3d 138 (4th Cir. 2007).
[33] Hale v. Henkel, 201 U. S. 43 (1906).
[34] Harris v. New York, 401 U. S. 222 (1971).
[35] Harris v. United States, 331 U. S. 145 (1947).
[36] New York v. Harris, 495 U. S. 14 (1990).
[37] People v. Harris, 532 N. E. 2d 1229 (N. Y. 1988).
[38] Herring v. United States, 555 U. S. 135 (2009).
[39] United States v. Herring, 492 F.3d 1212 (11th Cir.2007).
[40] Hudson v. Michigan, 547 U.S.586 (2006).
[41] Illinois v. Gates, 462 U. S. 213 (1983).
[42] Illinois v. Krull, 480 U. S. 340 (1987).
[43] Illinois v. Krull, 481 N. E. 2d 703 (1985).
[44] Illinois v. Lafayette, 462 U. S. 640 (1983).
[45] INS v. Lopez-Mendoza, 468 U. S. 1032 (1984).
[46] Irvine v. California, 347 U. S. 128 (1954).
[47] United States v. Janis, 428 U. S. 433 (1976).
[48] Jones v. United States, 362 U. S. 257 (1960).
[49] Katz v. United States, 389 U. S. 347 (1967).
[50] Keiningham v.United States, 287 F.2d (D.C.Cir.1960).
[51] Ker v. California, 374 U. S. 23 (1963).
[52] United States v. Knight, 534 U. S. 112 (2001).
[53] United States v. Leon, 468 U. S. 897 (1984).

[54] Mapp v. Ohio, 367 U. S. 643 (1961).
[55] State v. Mapp, 166 N. E. 2d 387 (Ohio 1960).
[56] McDonald v. United States, 335 U. S. 451 (1948).
[57] Miller v. United States, 357 U. S. 301 (1958).
[58] Miranda v. Arizona, 384 U. S. 436 (1966).
[59] United States v. Mosley, 454 F.3d 249 (3rd Cir. 2006).
[60] Murray v. United States, 487 U. S. 533 (1988).
[61] Nardone v. United States (Nardone I), 302 U. S. 379 (1937).
[62] Nardone v. United States (Nardone II), 308 U. S. 338 (1939).
[63] Nix v. Williams (Williams II), 467 U. S. 431 (1984).
[64] Terry v. Ohio, 392 U. S. 1 (1968).
[65] Olmstead v. United States, 277 U. S. 438 (1928).
[65] Payton v. New York, 445 U. S. 573 (1980).
[67] Penn. Bd. of Prob. & Parole v. Scott, 524 U. S. 357 (1998).
[68] Rakas v. Illinois, 439 U. S. 128 (1978).
[69] United States v. Ramirez, 523 U. S. 65 (1998).
[70] Richards v. Wisconsin, 520 U. S. (1997).
[71] Rochin v. California, 342 U. S. 165 (1952).
[72] People v. Rochin, 225 P. 2d 1 (Cal. Dist.Ct.App.1950).
[73] United States v. Ruminer, 786 F.2d 381 (10th Cir. 1986).
[74] Sabbath v. United States, 391 U. S. 585 (1968).
[75] Silverthorne Lumber Co. v. United States, 251 U. S. 385 (1920).
[76] Smith v. Maryland, 59 U. S. (18 How.) 71, 15 L.

Ed. 269 (1855).

[77] United States v. Snow, 462 F. 3d 55 (2, cir. 2006).

[78] United States v.Southerland, 466 F.3d 1083 (D.C.Circuit 2006).

[79] People v. Stevens, 597 N. W. 2d 53 (Mich. 1999).

[80] Stone v. Powell, 428 U. S. 465 (1976).

[81] State v. Strieff, 357 P. 3d 532 (Utah 2015).

[82] Utah v. Strieff, 579 U.S., 136 S.Ct.2056 (2016).

[83] Weeks v. United States, 232 U. S. 383 (1914).

[84] Whren v. United States, 517 U. S. 806 (1996).

[85] Williams v. Nix, 528 F. Supp. 664 (S. D. Iowa 1981).

[86] Williams v. Nix, 700 F. 2d 1164 (8th Cir. 1983).

[87] Williams v. United States, 401 U. S. 646 (1971).

[88] United States v. Williams, 504 U. S. 36 (1992).

[89] Wilson v. Arkansas, 514 U. S. 927 (1995).

[90] Wolf v. Colorado, 338 U. S. 25 (1949).

[91] Wolf v. People, 187 P. 2d 926 (Col. 1947).

[92] Wolf v. Rice, 429 U. S. 874 (1976).

[93] Wong Sun v. United States, 371 U. S. 471 (1963).

后　　记

本书是我海外访学的收获。2017年8月至2018年8月，我受国家留学基金委员会的资助，前往美国杜克大学法学院访学。杜克大学优美的校园和浓厚的学术氛围让我沉浸在学术的海洋里。在这里，我遇到了良师益友，他们的人品和才学时时让我感慨。今天，这本著作能够得以完成和他们无私的帮助是紧密相连的。我为之深深感激，并铭记于心。

感谢我的美方导师Jennifer Maher教授，在本书的写作过程中，导师多次与我讨论，指点于我，将她的思考、卓识、藏书授予我，才有我现在的成果。

感谢杜克大学法学院图书馆老师们的帮助，他们对我有求必应，不厌其烦地为我查找资料、提供信息，使我的撰写工作变得轻松愉快。

感谢我的北京大学博士生导师陈瑞华先生，是他把我领入一个知识的新境界，如果没有他，我绝不可能取得今天的成绩。毕业以后，先生仍然和我保持着紧密的学术联系，他的谆谆教诲使我深感学术研究的乐趣与进阶的成就感。先生对我的关心与厚爱，令我颇感永生难报。师恩永铭！

感谢我的家人，他们让我感到家庭的温馨和幸福，没有他们的包容、关爱和支持，就不会有这篇小作的诞生。公公、婆婆是我生活上的支撑，尽管他们年事已高，疾病缠身，但还是尽他们的余力，帮助我们。爱人不辞辛劳地帮我阅读文章、提出修改意见，使我得以完成这部小小的作品。他所付出的巨大努力，我一直默默记在心里。可爱的儿子正在一天一天地健康成长，他纯真的笑脸、清澈的眼神和对我深深的依恋永远都是我前行的不竭动力。还有我的弟弟和弟妹，感谢他们在低落时给我的勉励、懈怠时给我的鼓舞、迷茫时给我的警醒，他们热情而豁达的处世态度总是让我钦羡不已。

感谢我的父母，他们是我的精神支柱。虽然他们已离我而去，对他们的养育之恩，我已经永远都无法报答。但愿我今天取得的这点小小的成果能够抚慰他们的在天之灵。

感谢北京第二外国语学院校级出版资助的支持，使这本著作能够顺利和读者见面。